I0703733

AUTOSTIMA

7 PASSI PER LA TUA RINASCITA INTERIORE

Roberto Ausilio

Titolo - Autostima: 7 passi per la tua Rinascita Interiore

Autore - Roberto Ausilio

Grafica della copertina a cura dell'autore, con aiuto di ideogram.ai

Prima edizione cartacea: Giugno 2024

www.robertoausilio.it - www.psylife.it

I nomi delle persone menzionate nel presente libro sono stati modificati per tutelarne la Privacy.
Le nozioni e le tecniche riportate nel presente libro sono frutto di anni di studi e specializzazioni, quindi non è garantito il raggiungimento dei medesimi risultati di crescita personale.

Il lettore è responsabile di ogni sua azione e scelta. Il libro non sostituisce in alcun modo il consulto medico e l'aiuto professionale da parte di un Professionista legalmente abilitato a trattare la materia del libro. L'autore si solleva sin da ora rispetto all'uso improprio del presente volume e si solleva da qualsiasi responsabilità rispetto alle decisioni prese dal lettore riguardo la sua vita privata. Il libro ha esclusivamente scopo informativo e formativo e non sostituisce alcun tipo di trattamento medico o psicologico. Se sospetti o sei a conoscenza di avere dei disturbi fisici o psicologici, dovrai affidarti ad un appropriato trattamento medico e psicologico. In questo libro, ho condiviso storie e casi tratti dalla mia esperienza professionale come psicologo e psicoterapeuta. Desidero sottolineare che tutti i nomi, luoghi e dettagli identificativi sono stati modificati per proteggere la privacy e la confidenzialità dei miei clienti. In alcuni casi, ho combinato elementi di diverse storie cliniche per illustrare meglio i concetti presentati, mantenendo sempre l'essenza e l'integrità delle esperienze terapeutiche.

Queste storie sono incluse con lo scopo di fornire esempi pratici e realistici che possano aiutare i lettori a comprendere meglio i concetti discussi. Non sono intese come sostitutive di un consiglio professionale, diagnosi o trattamento psicologico. Ogni individuo è unico, e le circostanze personali variano ampiamente; pertanto, le strategie e gli approcci descritti nel libro potrebbero non essere adatti a tutti.

Se stai vivendo difficoltà psicologiche, ti incoraggio a cercare il supporto di un professionista qualificato. La salute mentale è un aspetto fondamentale del benessere generale, e un supporto professionale adeguato può fare una grande differenza nella vita di una persona.

INDICE

Dicono del libro   **15**

Introduzione   **19**

CAPITOLO 1 - COMPRENDERE L'AUTOSTIMA   **25**

1.1 Oltre la definizione. Il vero significato dell'autostima 25

1.2 L'autostima vista da vicino   31

1.3 Come nasce l'Autostima   37

1.4 "Attento che ti fai male" - Dal diario di Roby   44

1.5 Giovanna in cerca d'amore - Momenti di svolta in terapia 47

CAPITOLO 2 - RIFLESSIONE E AUTOCONSAPEVOLEZZA - STRATEGIA N. 1   **51**

2.1 Tecniche di introspezione. Conoscere se stessi   51

2.2 L'importanza della gratitudine e dell'apprezzamento personale   59

2.3 La forza del diventare padre - Dal diario di Roby   63

2.4 - Carlo lo sfigato - Momenti di svolta in terapia   67

2.5 Laboratorio Interiore: Esercizi per l'Anima   70

Esercizio 1: Analisi delle Insicurezze   70

Esercizio 2: Riscrivi il Romanzo della tua Vita   73

CAPITOLO 3 - AFFRONTARE LE CREDENZE LIMITANTI - STRATEGIA N. 2
77

3.1 Superare le credenze limitanti. Una strategia verso l'amor proprio   77

3.2 Diversamente Alto - dal diario di Roby   81

3.3 Martina nel panico - Momenti di svolta in terapia   85

3.4 Laboratorio Interiore: Esercizi per l'Anima   89

Esercizio 3 - Identificare le Proprie Barriere   89

Esercizio 4 - Riscrittura delle credenze   91

Esercizio 5 - Frasi potenzianti   92

CAPITOLO 4 - GESTIONE DELLO STRESS E MINDFULNESS - STRATEGIA N. 3 95

4.1 Vivere con gratitudine nel momento presente   95

4.2 Il ritiro di silenzio - Dal diario di Roby   101

4.3 Irene Bioenergetica - Momenti di svolta in terapia   107

4.4 Laboratorio interiore, esercizi per l'anima   111

Esercizio 6: L'Alchimia Quotidiana della Gratitudine   111

CAPITOLO 5 - POTENZIARE LE RELAZIONI INTERPERSONALI - STRATEGIA N. 4   **115**

5.1 Coltivare relazioni interpersonali profonde   115

5.2 Un materano a Orvieto - Dal diario di Roby   121

5.3 Martina cammina- Momenti di svolta in terapia   125

5.4 Laboratorio interiore, esercizi per l'anima   127

Esercizio 7 - Fiorire nelle relazioni interpersonali attraverso gli hobby   127

CAPITOLO 6 - INTELLIGENZA EMOTIVA E REGOLAZIONE EMOTIVA - STRATEGIA N. 5   131

6.1 Comprendere e gestire le emozioni. L'intelligenza emotiva   131

6.2 Lacrime in vetta - Dal diario di Roby   137

6.3 Luca, da pentola a pressione a leader carismatico - Momenti di svolta in terapia   143

6.4 Laboratorio Interiore, esercizi per l'anima   150

Esercizio 8: Il Diario delle Emozioni   150

Esercizio 9: Auto-Coaching per la regolazione emotiva 151

CAPITOLO 7 - RESILIENZA E ADATTABILITA' - STRATEGIA N. 6   155

7.1 Valorizzare se stessi: strategie di resilienza e adattabilità   155

7.2 Doccia fredda e routine quotidiana - Dal diario di Roby   159

7.3 Il seno di Sofia - Momenti di svolta in terapia   164

7.4 Laboratorio Interiore, esercizi per l'anima   168

Esercizio 10 - Affrontare piccole sfide quotidiane   168

CAPITOLO 8 - Pianifica i tuoi obiettivi - Strategia n.7   **171**

8.1 Pianificare, liberare, raggiungere   171

8.2 Un anno da leone. Dal diario di Roby   174

8.3 Guido alla guida - Momenti di svolta in terapia   180

8.4 Laboratorio Interiore, esercizi per l'anima   184

Esercizio 11 - La Ruota della Vita   184

Esercizio 12 - Crea e raggiungi grandi obiettivi   187

CONCLUSIONI   **191**

CONTENUTI EXTRA - 7 Step Meditation   **193**

RINGRAZIAMENTI   **194**

NOTE SULL'AUTORE   **197**

BIBLIOGRAFIA   **199**

DICONO DEL LIBRO

Tutti noi, ogni giorno, ci troviamo costantemente alla ricerca o al rafforzamento della nostra autostima.

Attraverso storie di vita reale ed esercizi pratici, Roberto Ausilio ci accompagna in questo viaggio trasformativo verso una maggiore autocoscienza e accettazione di sé.

L'obiettivo di questo libro è proprio trovare il giusto equilibrio con una guida pratica, esploratrice ed ispiratrice per fare in modo di riscoprire il proprio valore interiore.

L'autore delinea, inoltre, come l'approccio terapeutico EMDR possa essere efficace per migliorare la propria autostima, poiché aiuta le persone a rielaborare le esperienze e i ricordi negativi di situazioni che hanno minato l'autostima e trasformarli per costruire una percezione di sé più forte, più resiliente e più positiva.

Un testo che promette di essere un valido strumento per coloro che desiderano avere una vita più serena nella relazione con gli altri e con se stessi.

Isabel Fernandez, Psicoterapeuta e Docente. Direttrice del Centro di Psicotraumatologia di Milano, Presidente dell'Associazione EMDR Italia e past President EMDR Europe Association.

Un libro molto interessante perché coniuga la scientificità dei costrutti psicologici con la capacità di scrittura avvincente e divulgativa dell'autore. Uno strumento utile per diffondere benessere e psicologia nella nostra vita quotidiana che sono certo possa aprire la strada della crescita personale a molte persone.

David Lazzari, Presidente nazionale dell'Ordine degli Psicologi, Psicoterapeuta, Docente nelle Università di Bergamo, L'Aquila, Napoli e Torino.

L'autostima, o meglio, la percezione di non averne abbastanza per fronteggiare le sfide della vita è un'epidemia degli ultimi anni.
Sempre più persone si muovono tra il sentirsi inadeguate e non all'altezza delle situazioni generando in se stesse malcontento, infelicità e nei casi più gravi vere e proprie patologie severe.
Il libro di Roberto illustra in maniera esemplare come cambiare prospettiva, come mettersi in gioco e ottenere fiducia nelle proprie risorse.
Come ben descritto, l'autostima non è un dono bensì una conquista quotidiana e questa lettura mostra proprio come ottenerla in tempi rapidi aiutando il lettore a superare se stesso.

Stefano Bartoli, Psicoterapeuta, Coach, Direttore operativo del Centro di Terapia Strategica e Personal Manager del Prof. Giorgio Nardone.

Roberto Ausilio in questo libro offre un compagno di viaggio ideale per chi si sente insicuro, intrappolato in relazioni tossiche o soffre di insicurezze quotidiane. Imparerai a non considerarti inferiore a nessuno, a costruire una solida autostima attraverso riflessioni profonde e esercizi concreti per rompere il ciclo dei pensieri negativi. Scoprirai l'unicità del tuo valore, trasformando la tua vita in meglio.

Il tuo percorso di rinascita interiore aspetta solo te perché ricorda: ogni passo che fai verso la tua crescita personale è un atto di amore verso te stesso. Ed è ciò che ti sprona a fare Roberto, aiutandoti a trasformare le tue cicatrici in forza, dandoti gli strumenti per permettere alla tua luce interiore di rinascere e brillare

Simona Rattà, Psicologa Psicoterapeuta, Docente, Formatrice.

Questo libro è stato per me un supporto meraviglioso per imparare ad affrontare le sfide della vita con maggiore fiducia e resilienza. Pagina dopo pagina, mi ha permesso di lavorare ancor più approfonditamente su me stessa e portare le nuove consapevolezze acquisite a scuola, creando un ambiente di apprendimento positivo e favorendo un clima di fiducia e collaborazione.

Grazie a questo percorso ho potuto migliorare la mia autostima e diventare un esempio migliore per i miei studenti.

Francesca Scaglione, docente e divulgatrice, autrice del progetto "Maestra in Blue Jeans"

INTRODUZIONE

L'altra notte ho fatto un sogno.

Uno di quei sogni potenti che arrivano e sconvolgono la visione che hai di te stesso e della vita, regalandoti maggiore profondità.

E' capitato anche a te?

Prima che te lo racconti, lascia che mi congratuli con te per il desiderio di migliorare te stesso e per aver preso in mano la tua vita.

Questo libro è stato creato pensando proprio a te: è una guida per aiutarti a scoprire e a potenziare la tua autostima, quella chiave d'oro che apre le porte a una vita di maggiore soddisfazione, felicità e realizzazione.

Il nostro inconscio parla trasmettendoci costantemente molti segnali. In ogni pianta, in ogni fiore e in ogni roccia sono nascoste mirabili lezioni di vita. Le stesse che cerchiamo invano nei manuali universitari o nelle teorie accademiche. Anche i nostri sogni possono essere fonte di profonda ispirazione.

Nel sogno ero su una nave che solcava mari tempestosi, un veliero antico che ricordava quello dei pirati. Il mare era gonfio e il cielo grigio diventava a tratti nero e cupo. Non ero solo, perché con me c'erano altri amici, intrepidi marinai.

Forse c'eri anche tu, sai? E la cosa incredibile era che ridevamo e scherzavamo nella tempesta.

Nonostante la nave sbattesse di qua e di là, creando un fragoroso rumore nell'infrangersi dei flutti sul legno, noi eravamo pienamente sereni.

Una voce interiore mi ha detto chiaramente: "Noi siamo i guerrieri, i guerrieri del Dharma! Siamo coloro che navigano tra i cerchi che si aprono e i cerchi che si chiudono. Siamo coloro che sono andati oltre la paura, in viaggio verso l'essenza"

Un senso di enorme pienezza ha riempito il mio petto e la mia mente. Una luce sublime ha invaso il mio corpo dandomi una sensazione di calore e leggerezza che poche volte avevo sperimentato in passato. Quando mi sono svegliato ho ripensato a Psylife, il movimento di crescita personale che da anni sto alimentando con il mio lavoro di psicologo, imprenditore sociale e team leader.

Tutto mi è stato chiaro! Noi siamo davvero i guerrieri del Dharma, e la nostra missione è vincere un nemico invisibile e potente. Anzi il più insidioso in assoluto: noi stessi!

O meglio, quelle parti di noi stessi che finora hanno remato contro la nostra vera Essenza, quelle ganasce mentali e spirituali che hanno impedito alle nostre ali di aprirsi e volare libere nel cielo dell'esistenza. Tutti i condizionamenti della nostra infanzia, che sono diventati invisibili e pesantissime catene ai nostri piedi. Tutti i nostri "non posso", "non ce la faccio", "non riesco". Le nostre paure, i tanti timori stratificati come in un'enorme cipolla che ci trattiene al suo interno in un bozzolo che sembra proteggerci ma che in realtà rischia di soffocarci se non ci mettiamo in cammino verso la nostra liberazione.

In seguito a questo "Sogno di Potere" ho deciso di dedicare questo libro a te e a tutti noi, Guerrieri del Dharma, navigatori tra i cerchi che si aprono e che si chiudono nell'esistenza misteriosa.

Siamo piccoli, e tali resteremo nella nostra umiltà.

Perché un guerriero ha sconfitto in primis il suo Ego, l'identificazione con la facciata sociale che ci costringe a crederci importanti.

Caro amico, cara amica, ho veramente poco da insegnarti, ma quel poco che stai per conoscere nasce direttamente dal cuore, dall'esperienza diretta e dall'adempimento di una missione più grande di me. Aiutare il maggior numero di persone a liberarsi dai condizionamenti del passato e del futuro per vivere libere e pienamente consapevoli in armonia con se stesse, con gli altri e con la Natura.

Il mio scopo è fornirti una profonda comprensione dell'autostima, unita a strumenti pratici, esercizi, riflessioni personali e casi clinici che ti aiuteranno a comprendere meglio i concetti esplorati.

Questo libro è scritto a cuore aperto ed è il primo dei miei numerosi scritti in cui rivelo anche parte della mia storia personale. Ho condiviso esperienze autobiografiche perché possano ispirarti e accompagnarti in ogni passo che compi verso la tua crescita personale.

Ognuno di noi crede di essere solo, ma la realtà è che siamo tutti sulla stessa barca. A volte non riusciamo neppure a renderci conto di quante altre persone come noi stanno cercando l'Essenza, eppure le abbiamo al nostro fianco. Poi a un certo punto accade la "realizzazione", e spero vivamente che queste parole possano innescare anche nella tua anima un ricordo potente per accendere la fiamma della conoscenza.

Spegni il cellulare e gusta questo libro senza fretta, prendendoti tutto il tempo necessario per riflettere su ciò che leggi e per mettere in pratica gli esercizi proposti. Ogni strategia delineata nelle pagine che seguiranno è un passo cruciale verso il rafforzamento della tua autostima, un processo che richiede impegno, pazienza e costanza.

Vorrei che questo libro fosse per te un compagno di viaggio fidato sulla nave dell'esistenza. Ritorna a consultarlo regolarmente, utilizzalo per valutare i tuoi progressi e per continuare il tuo percorso di crescita personale.

L'autostima, come un giardino, richiede cura e attenzione continua; e ogni volta che dedicherai un momento a te stesso attraverso queste pagine, scoprirai nuove prospettive e nuove forze dentro di te.

Forse non lo sapevi, ma anche tu sei un guerriero, o una guerriera del Dharma. Il termine "Dharma" ha vari significati, ma in generale si riferisce alla legge cosmica, alla verità universale, o al cammino di rettitudine che ogni individuo dovrebbe seguire. Essere un "guerriero del Dharma" significa quindi impegnarsi a vivere in armonia con questi principi. Non si tratta di combattere in senso letterale, ma piuttosto di dedicarsi con determinazione e coraggio alla pratica spirituale, alla crescita personale e al servizio degli altri. È un impegno a superare le proprie paure, egoismi e distrazioni per seguire un cammino di verità e giustizia.

Puoi comprenderti meglio, affrontare e vincere le tue credenze limitanti, imparare a gestire lo stress attraverso la Mindfulness, creare relazioni più profonde e significative, sviluppare resilienza e adattabilità di fronte alle sfide della vita, per aiutare anche gli altri intorno a te a liberarsi e vivere felici.

Ho disegnato queste pagine come la mappa per un viaggio trasformativo verso un'autostima solida, perché solo la vera autostima e l'amor proprio possono far germogliare i semi della profonda consapevolezza.

Ricorda: il cambiamento inizia con un semplice passo, e tu lo hai già compiuto scegliendo di iniziare questa lettura. Ciò significa che sei motivato e pronto al cambiamento.

Preparati a scoprire la migliore versione di te stesso, quella che forse hai sempre sognato ma che non hai ancora avuto il coraggio di incontrare.

Buona lettura e buon viaggio nel mondo affascinante e liberatorio della tua autostima.

CAPITOLO 1 - COMPRENDERE L'AUTOSTIMA

Nessuno può farti sentire inferiore senza il tuo consenso.
Eleanor Roosevelt

1.1 OLTRE LA DEFINIZIONE. IL VERO SIGNIFICATO DELL'AUTOSTIMA

Quante volte ti sei fermato a riflettere sulla vera essenza dell'Autostima? Forse anche tu come me hai cercato risposte tra le pagine di libri o negli angoli più remoti di Internet. Tuttavia, l'autostima sfugge spesso alle definizioni semplicistiche, rivelando la sua natura complessa.

Per avvicinarci a questo concetto, lascia che ti racconti una storia. Una storia che risuonerà nel profondo del tuo essere e illuminerà il percorso verso la tua realizzazione più piena. Sei pronto a intraprendere questo viaggio?

C'era una volta un giovane animato da un fervente desiderio: diventare un pittore. Questo aspirante artista decise di cercare la guida presso un rinomato Maestro, presentandogli un giorno un dipinto, frutto dei suoi sforzi.

"Tu cosa ne pensi?" chiese il Maestro, scrutando attentamente la tela. Il giovane, colto da un momento di incertezza, si vide costretto a confrontarsi con il proprio giudizio. "Credo di attendere il tuo parere, Maestro," rispose con deferente rispetto.

Il Maestro, tuttavia, sollecitò il giovane a riprovare, avviando così un ciclo di creazione, riflessione e crescita. Ogni volta il Maestro chiedeva all'allievo "Tu cosa ne pensi? La tua opera è riuscita?"

Ogni opera consegnata diventava occasione di introspezione per il giovane, che si confrontava con il proprio senso critico e con l'inesorabile ricerca del proprio valore artistico.

Finché, un giorno, alla consueta domanda del Maestro, il giovane rispose con una nuova sicurezza: "Questa volta, credo di sì, Maestro. Ma la decisione spetta a te." La reazione del Maestro fu inaspettata: chiese tempo per riflettere e dare il suo responso.

A quel punto il giovane euforico andò nel caffè dove si riunivano gli altri allievi del Maestro e commentò con loro la sua opera. Un altro allievo del Maestro a quel punto gli disse: " Mah non so perché tu sia così soddisfatto. Ho appena parlato con il vecchio e lui non ha fatto altro che demolire il tuo quadro, dice che non ha il minimo valore!"

A quel punto il giovane pittore furibondo corse a casa del Maestro e non appena lo vide gridò: "Come puoi parlare così del mio quadro? E' ingiusto! sono sicuro che sai quanto è riuscito! E' un'opera d'arte e non ti permetto di demolirlo, non ti permetto di parlare male di un quadro che amo e che ho dipinto con tutto me stesso!"

Solo allora il vecchio sorrise e rispose: "Adesso sì che ci siamo, finalmente! La tua opera è riuscita."

Il vero successo dell'opera, a giudizio del Maestro, era infatti l'affermazione dell'autostima dell'artista, la sua capacità di riconoscere e rivendicare il proprio valore.

Questa storia, caro lettore, è un invito a riflettere.

Cosa ti fa venire in mente? Ti ricorda qualcosa della tua vita?

Forse anche tu come questo giovane pittore hai chiesto tante volte conferme all'esterno, a qualche autorità, rispetto al risultato del tuo impegno e dei tuoi sforzi.

E probabilmente, come è successo anche a me, hai avuto difficoltà a riconoscere i tuoi meriti, il tuo valore personale.

Quante volte, come il giovane pittore, abbiamo cercato conferme esterne, affidando ad altri il giudizio sul valore dei nostri sforzi? La ricerca della stima di sé può essere un viaggio tortuoso, specialmente in un mondo che mette costantemente alla prova la nostra auto-percezione.

E allora che cos'è questa famosa autostima?

William James, uno dei padri della psicologia moderna, formulò un'equazione fondamentale per l'autostima, sostenendo che essa derivi dal rapporto tra i successi conseguiti e le aspettative personali (James, W. "Principles of Psychology", 1890).

Secondo James, se ti poni aspettative elevate e ottieni risultati altrettanto significativi, la tua autostima rimarrà stabile. Al contrario, se le tue grandi aspettative si scontrano con successi limitati, la tua autostima ne risentirà. James evidenzia anche come basse aspettative abbinate a successi, anche minimi, possano invece incrementare l'autostima.

Autostima significa prendere atto del valore di Sé e saperlo stimare. Come suggerisce la parola stessa, l'autostima nasce dalla valutazione della propria persona.

Auto-stima vuol dire: quanto sono in grado di prendere atto del mio valore e stimarlo.

La parola "stima" ha un doppio significato. Stimare vuol dire soppesare, "indovinare la grandezza" come quando fai una stima dell'estensione di terreno o quanto sia alto un albero, senza averli misurati con altri strumenti.

Inoltre "stima" è anche quella che proviamo nei confronti di persone di cui apprezziamo il valore. Ad esempio puoi stimare un personaggio storico come Nelson Mandela o provare stima verso un amico.

E rispetto a noi stessi, cosa vuol dire avere una buona autostima?

Significa innanzitutto essere in grado di valutare in modo autentico il nostro operato e il nostro essere, e nello stesso tempo valorizzare la nostra essenza, amarci e rispettarci, difendendo anche all'esterno il nostro valore prezioso.

Immagina di avere una bilancia interiore a due piatti. Su di un piatto ci metti continuamente i tuoi limiti, il senso di inadeguatezza, le voci interiori che dicono "non sei capace", "fallirai" e tutti i condizionamenti che ti porti dietro dai tempi dell'infanzia.

Sull'altro piatto ci metti i tuoi successi, il pensiero positivo, la fiducia, la convinzione di riuscirci, di impegnarti e di essere degno di amore.

Se i pesi si inclinano troppo verso il negativo, la nostra autostima vacilla.

Probabilmente il giovane pittore era arrivato dal Maestro con una bilancia del genere. Aveva bisogno di conferme dall'esterno per riuscire a mettere qualche peso in più sul piatto dorato della sua autostima.

Gli autori C. H. Cooley e G. H. Mead hanno ulteriormente espanso questa comprensione, esplorando il ruolo cruciale dell'interazione sociale nell'autostima. Cooley, con il suo concetto di "specchio sociale" e Mead, attraverso la sua teoria dell'io sociale, concordano sul fatto che l'autostima è fortemente influenzata dalle relazioni interpersonali e dalla percezione del valore che gli altri ci attribuiscono[1].

Questi approcci sottolineano l'importanza degli aspetti socioculturali nella formazione e nel mantenimento dell'autostima.

Anche tu cerchi conferme dall'esterno?

La verità è che queste conferme, anche quando ci

---

[1] Cooley, C.H. "Human Nature and the Social Order", 1902; Mead, G.H. "Mind, Self, and Society", 1934

arrivano, non sono in grado di far crescere positivamente e in maniera definitiva la nostra autostima. Come spesso dico ai miei pazienti, se hai una scarsa autostima, anche un intero stadio come San Siro gremito di gente può cantarti in coro che tu hai valore, ma non sarà comunque sufficiente a farti cambiare idea e non ci crederai mai fino in fondo.

In Psicoterapia assisto ogni giorno a situazioni del genere. Ad esempio ci sono persone che ricorrono alla chirurgia estetica perché si sentono brutte e dopo l'operazione continuano a sentirsi tali, nonostante tutti gli altri intorno le vedano come piacevoli e belle.

Viceversa, pur con un intero stadio contro, se possiedi alti livelli di autostima penserai di potercela fare. Anzi, quelle voci contro di te diventeranno magicamente nella tua testa un incentivo a fare meglio!

Ma come possiamo equilibrare la nostra bilancia interiore?

La chiave sta nello sviluppare una consapevolezza di sé che abbracci pienamente i nostri pensieri, le nostre emozioni e che ci permetta di riconoscere il nostro valore intrinseco.

A volte dico: "Non devi rifarti il naso, devi cambiare gli occhiali con cui guardi te stessa!"

Il perseguimento di una salda autostima richiede coraggio, introspezione e, soprattutto, un impegno costante nel riconoscere e celebrare il nostro valore personale.

Come il giovane pittore, possiamo imparare a fidarci della nostra voce interiore, affermando con convinzione:

"Sì, la mia opera, la mia vita, sono riuscite."
Non è affatto facile, lo so. Ma ricorda, è proprio oggi il momento giusto per mettersi in cammino verso la nostra parte più autentica.
Coltivarla significa abbracciare pienamente chi siamo, accogliendo gioie e dolori come parti integrali del nostro essere.
Forse a questo punto ti starai chiedendo di cosa è fatta questa autostima. Vediamolo insieme.

1.2 L'AUTOSTIMA VISTA DA VICINO

L'autostima è un concetto articolato che può essere suddiviso in diverse componenti chiave.
Una prima componente è l'auto-osservazione, seguita dall'auto-accettazione. L'aspetto emotivo di ciò che pensiamo di noi stessi deriva dalla capacità di osservarci, valutarci - stimarci appunto - e assumere consapevolezza del proprio Sé.
Ad esempio, se penso di non valere nulla, probabilmente questo pensiero sarà accompagnato da emozioni di tristezza, frustrazione, ansia.
L'Io è il collante che tiene unita tutta la nostra vita, la percezione del mondo esterno e di quello interno, fornendoci la capacità di creare e raggiungere i nostri obiettivi di vita.
Il grande psicologo Albert Bandura, noto per il suo

lavoro sull'apprendimento sociale, ha introdotto il concetto di "autoefficacia percepita", che descrive la fiducia nelle proprie capacità di affrontare e superare le sfide[2].

La cosiddetta "Self Efficacy", secondo Bandura, non dipende necessariamente dalle reali competenze possedute, ma dalla valutazione soggettiva della propria capacità di successo. Questa convinzione influisce profondamente sul modo in cui ci approcciamo alle sfide, alimentando o limitando il nostro impegno e la nostra persistenza di fronte agli ostacoli. Se penso di farcela, di essere in grado di svolgere un determinato compito, molto probabilmente ce la farò, perché mi impegnerò in esso con l'intima convinzione di poterci riuscire.

Nathaniel Branden, uno dei principali teorici dell'autostima nel ventesimo secolo, ha sottolineato l'importanza vitale dell'autostima per il benessere psicologico. Branden identifica sei pilastri dell'autostima, tra cui la pratica della consapevolezza, dell'autoaccettazione, della responsabilità di sé, dell'assertività, della vita con scopo e dell'integrità personale, sostenendo che queste pratiche sono essenziali per lo sviluppo di un'autostima salutare[3]. La sua enfasi sulla definizione e il perseguimento di obiettivi personali in armonia con i propri valori

---

2 Bandura, A. "Self-efficacy: toward a unifying theory of behavioral change", 1977

3 Branden, N. "The Six Pillars of Self-Esteem", 1994

sottolinea l'importanza dell'autenticità e dell'auto-realizzazione nel costruire un solido senso di autostima.

Se ci pensi, la coscienza è qualcosa di estremamente complesso, un miracolo dell'evoluzione del nostro cervello, la funzione psichica che ci distingue da tutti gli altri animali.

E' come se noi avessimo un filtro interno che seleziona le informazioni in entrata, dando ad alcune grande importanza e ad altre un'importanza ridotta o nulla.

Tutto ciò dipende molto anche dall'ambiente in cui siamo cresciuti, dai fattori culturali e dagli aspetti emotivi dell'esperienza.

Se ad esempio ho una bassa autostima e credo di essere poco adeguato, nel mio Sistema Nervoso (in particolare Sistema Limbico, amigdala e ipotalamo) si innescheranno meccanismi automatici che provocheranno tristezza, paura, dubbio, rabbia.

Una serie di emozioni, dunque, che hanno un effetto diretto sul sistema nervoso, scatenando una tempesta di neurotrasmettitori in grado di alterare il funzionamento del nostro cervello, come adrenalina, cortisolo, noradrenalina, serotonina, dopamina, ecc.

Riassumendo ciò che dice la letteratura psicologica, l'autostima è la percezione che abbiamo di noi stessi rispetto al valore e alla capacità di raggiungere obiettivi.

Si tratta di un giudizio che valuta il proprio valore, sia in termini generali che specifici, in vari ambiti della vita. Essenzialmente, l'autostima riflette la fiducia nelle proprie capacità e la considerazione della propria importanza e dignità, indipendentemente dai risultati ottenuti o dalle azioni compiute.

Ecco un punto cruciale: la vera autostima non deriva dall'autovalutazione basata sui risultati, ma piuttosto dal riconoscimento del proprio valore intrinseco, indipendentemente dalle circostanze esterne.

Consideriamo un esempio quotidiano: se sei genitore o hai un animale domestico sai che l'amore che provi nei suoi confronti è incondizionato. Questo affetto non vacilla di fronte a un fallimento o a un errore. Se tuo figlio prende un brutto voto scuola non smetti di amarlo, giusto? L'amore di base persiste forte e immutato, perché è più profondo dei risultati delle azioni intraprese.

Quando invece si tratta di giudicare noi stessi, siamo molto meno tolleranti. Siamo inclini a essere i nostri critici più implacabili, lasciando che fallimenti momentanei o confronti impietosi con gli altri erodano la nostra autostima.

In particolare, l'era dei social media esaspera questo fenomeno, esponendoci a una continua parata di vite apparentemente perfette che possono farci sentire inadeguati.

Eppure, è fondamentale riconoscere che queste immagini sono spesso artefatte e non riflettono la realtà quotidiana. Lasciarsi trascinare in questo vortice di confronti può portare a una visione di sé stessi riduttiva e limitante, impedendoci di apprezzare pienamente il nostro valore unico e intrinseco.

Ti sei mai sentito sottovalutato, anche da te stesso? Questo atteggiamento interiore può avere un impatto significativo su come ci percepiamo, come ci comportiamo e come affrontiamo le sfide della vita. Al contrario, una sana autostima comporta l'accettazione di sé, la consapevolezza delle proprie forze e debolezze, e la capacità di navigare le sfide con fiducia e resilienza.

So cosa potresti pensare: "Questo è troppo per me". Ma ti invito a fermarti un attimo e a prenderti il tempo di esplorare queste riflessioni. Ti prometto che, al termine di questo libro, qualcosa in te sarà cambiato. Magari non diventerai una persona completamente nuova, ma avrai sicuramente intrapreso il cammino verso la migliore versione di te stesso.

Spesso si sente dire che qualcuno ha "troppa autostima", ma questa affermazione è imprecisa. Un'elevata autostima, quando genuina e sana, non è mai eccessiva. Piuttosto, ciò che viene percepito come eccesso di autostima è spesso l'esatto opposto: l'arroganza o una sensazione infondata di superiorità sugli altri. Una solida autostima non comporta il sentirsi superiori, ma piuttosto non considerarsi inferiori a nessuno. Questa distinzione è fondamentale e aiuta a distinguere tra una vera autostima e tratti di personalità narcisistica, che mascherano un profondo senso di vuoto e insicurezza.

Il narcisismo, come approfondito nel mio libro precedente, si posiziona agli antipodi dell'autostima. Rappresenta una facciata di sicurezza che nasconde un abisso di insicurezza e vuoto interiore. Riconoscere e distinguere questi due concetti è cruciale per comprendere se stessi e intraprendere un percorso di crescita personale autentica e significativa.

Attraverso questo libro, ti guiderò lungo il sentiero verso un'autostima solida e genuina, invitandoti a riflettere profondamente su te stesso e sul valore inestimabile che possiedi, indipendentemente dai successi o dalle sconfitte che incontri lungo il cammino.

1.3 COME NASCE L'AUTOSTIMA

L'autostima, dunque, non è un dono celeste che ti viene consegnato senza alcuno sforzo. Al contrario, è un premio che si conquista sul campo di battaglia della vita, attraverso dedizione e perseveranza, giorno dopo giorno.

L'autostima è dinamica. Non è data una volta per tutte; va piuttosto alimentata e rinnovata attraverso piccoli passi quotidiani. Immagina se fosse un attributo immutabile; le tue opportunità di crescita personale sarebbero decisamente limitate.

La buona notizia è che la scienza ha ormai confermato la capacità del cervello e della mente di cambiare e evolvere continuamente lungo tutto l'arco della vita, grazie alla plasticità cerebrale. Questo principio rivela che è possibile modificare i tuoi pensieri, le tue emozioni, e di conseguenza, influenzare la fisiologia e perfino la morfologia del tuo cervello.

Ma come si sviluppa l'autostima nel corso della tua crescita? È fondamentale sottolineare che l'autostima non è un ente tangibile come lo è un albero o un oggetto. Si tratta piuttosto di un costrutto psicologico, ossia un insieme di elementi sia comportamentali che soggettivi.

Ad esempio, il modo in cui ti comporti o parli a te stesso può rivelare molto riguardo alla tua autostima.

Se ti chiedessi di visualizzare una persona con una buona autostima, come te la immagini? Sicura di sé o piena di dubbi? Triste o allegra? Ottimista o pessimista.

Lasciami indovinare: ti immagini una persona curata, sorridente, che si muove in maniera armoniosa e fluida, con una postura aperta, ottimista e socievole. Vero?

E ti sei mai chiesto come si formi questa autostima? Sorprendentemente, tutto inizia già dall'esperienza intrauterina.

Già da quando sei nel grembo materno inizi a percepire l'ambiente circostante, attraverso tutto ciò che transita dalla placenta al cordone ombelicale, influenzando significativamente lo sviluppo della tua psiche e della tua personalità.

Considera, ad esempio, la situazione in cui una madre non desidera il bambino; pensi che queste emozioni non influenzino, attraverso complessi meccanismi biochimici, il feto e il futuro bambino?

Assolutamente sì. Quando una donna vive la gravidanza con ansia o preoccupazione, è inevitabile che il bambino ne risenta, adattandosi in qualche modo a queste circostanze.

Spesso, in psicoterapia si incontrano persone la cui madre ha vissuto un lutto durante la gravidanza. Analizzando la loro storia, si scopre che la madre ha perso un genitore mentre era incinta. Questo evento può avere un impatto significativo sullo sviluppo del nascituro. È importante ricordare che, come spesso dico, in psicologia "1 + 1 non fa necessariamente 2", poiché lo stesso evento può scatenare reazioni psicologiche anche molto diverse, come dimostrato dai casi di gemelli omozigoti che, pur crescendo nello stesso ambiente, sviluppano tratti psicologici distinti. Inoltre, eventi accaduti nella famiglia prima della tua nascita possono influenzare il tuo carattere, lo sviluppo della tua personalità e, di conseguenza, il tuo livello di autostima.

Durante i primi anni di vita il nostro cervello è estremamente plasmabile, sensibile e apprende a una velocità straordinaria.

Immagina un giovane alberello. Tutto ciò che accade nei suoi primi anni di vita ha un'importanza cruciale, proprio come avviene nella nostra infanzia. Anche se non ricordi consciamente gli eventi della tua infanzia, il tuo inconscio e il tuo corpo hanno archiviato quelle esperienze, sia positive che negative. Vivere in un ambiente supporto e incoraggiante, dove, ad esempio, tua madre ti sorrideva anziché guardarti con disapprovazione, ha sicuramente esercitato un impatto significativo sulla tua psiche.

Mentre scrivo, mi viene in mente una scena che ho osservato qualche giorno fa passeggiando sul lungomare di Malaga, in Spagna. Una giovane madre giocava con sua figlia, di circa 4 o 5 anni. Correvano insieme sulla sabbia a piedi nudi, la madre faceva provare alla bambina la teleferica, divertendosi insieme. Era chiaro, anche a distanza, che stavano condividendo momenti preziosi. Questi momenti di qualità trascorsi con i figli rappresentano il dono più grande che possiamo fare per edificare una solida autostima in loro. Quella bambina era fortunata ad avere una madre che, invece di distrarsi con il cellulare, dedicava tempo a giocare, a confermare e a insegnare moltissimo a livello non verbale. Il messaggio implicito era: "Tu sei importante per me, ti vedo, sei meravigliosa e perfetta così come sei!" Queste sono le fondamenta dell'autostima, un regalo che dura una vita intera.

Ora, immagina se quella madre fosse stata depressa, seduta su una panchina senza partecipare, come purtroppo si vede spesso nei nostri parchi, sempre pronta a frenare la figlia con avvertimenti o rimproveri. In questi casi, l'autostima della bambina si rovinerebbe gradualmente.

Dobbiamo dire che ci sono periodi specifici durante l'infanzia che sono particolarmente critici per lo sviluppo dell'autostima.

Nella prima infanzia, da 0 a 3 anni l'autostima si basa principalmente sull'attaccamento e sulle relazioni con i caregiver principali (solitamente i genitori). Un ambiente sicuro e affettuoso permette al bambino di sviluppare un senso di fiducia e sicurezza. L'interazione positiva e il rispondere ai bisogni del bambino sono fondamentali per la formazione di una solida base di autostima.

In età prescolare, dai 3 ai 5 anni i bambini iniziano a esplorare il mondo e a sviluppare un senso di autonomia. Le esperienze di successo o fallimento nelle prime interazioni sociali e nei giochi influenzano la loro autostima. L'incoraggiamento e il supporto da parte dei genitori e degli educatori sono cruciali per farli sentire competenti e capaci.

L'ingresso a scuola rappresenta un momento chiave. Le relazioni con i pari, le esperienze scolastiche e le valutazioni da parte degli insegnanti giocano un ruolo importante. I bambini iniziano a confrontarsi con gli altri e a formarsi un'idea delle proprie capacità in vari ambiti, come quello accademico, sportivo e sociale. Un ambiente scolastico positivo e il riconoscimento dei successi individuali contribuiscono alla costruzione di una solida autostima.

L'adolescenza (13-18 anni) è un periodo di grandi cambiamenti fisici, emotivi e sociali. Durante questa fase, l'autostima può fluttuare significativamente. Le relazioni con i pari diventano ancora più importanti, e l'accettazione sociale, così come l'immagine corporea, possono influenzare profondamente l'autostima. Gli adolescenti cercano anche di definire la propria identità e di stabilire un senso di indipendenza. Il supporto familiare e una rete sociale positiva sono essenziali per aiutare gli adolescenti a sviluppare una solida autostima.

Come spiego nel libro "Genitori Competenti", non è mia intenzione colpevolizzare le madri o i padri. Nessun genitore è perfetto, e quasi tutti fanno del proprio meglio con le risorse che hanno a disposizione. Ciò che voglio sottolineare è che l'ambiente in cui sei cresciuto ha giocato un ruolo fondamentale nello sviluppo della tua autostima, influenzandola verso la crescita o verso la riduzione.

Attenzione, però! Questo non significa che se sei cresciuto in un ambiente carente di incoraggiamento, sei destinato a soffrire per sempre. Hai comunque la possibilità di migliorarti e di perseguire un'autostima robusta, anche se il percorso potrebbe essere più arduo. Ti troverai a fare i conti tra il Sé reale e il Sé ideale, confrontandoti con le aspettative dei tuoi genitori, che forse valorizzavano l'aspetto esteriore o i risultati scolastici più del necessario. Questo può creare una frattura interiore, portando a interiorizzare quelle aspettative fino a trasformarle in critiche severe e autogiudizi da parte del cosiddetto Super-Io, il nostro giudice interiore che può trasformarsi così in una sorta di persecutore. Potresti sentirti sempre inadeguato, e nonostante i tuoi sforzi, non riuscire a cogliere la grandezza dei tuoi successi.

Un altro aspetto cruciale è l'equilibrio tra la zona di comfort e quella di apprendimento. Da piccolo, ti era permesso esplorare e sperimentare, o eri iper-protetto? Quando tentavi qualcosa di nuovo, ricevevi incoraggiamenti a essere autonomo e ad imparare dai tuoi errori, o ti veniva detto di desistere perché non eri capace? Un bambino a cui non è permesso sperimentare, sbagliare, e persino farsi male, difficilmente potrà sviluppare fiducia in sé stesso.

Se un bambino inizia a suonare la chitarra e un genitore gli dice "lascia perdere, non sei bravo", in un mondo ideale potrebbe rispondere "se lascio perdere, non diventerò mai bravo". Ovviamente il bambino non è in grado di mettere in discussione ciò che il genitore dice o pensa di lui. Però potrà farlo da adulto, come vorrei che tu facessi grazie a questo libro.

Vedo genitori che si aspettano dai bambini comportamenti da grandi, dimenticando che i bambini sono in fase di apprendimento. Un ambiente amorevole e di supporto, insieme a elogi sinceri e incoraggiamenti come "dai, ce la puoi fare!" sono essenziali per costruire una sana autostima. Se, per esempio, un bambino tenta di usare uno schiaccianoci e gli viene immediatamente impedito per paura che si faccia male, tale divieto continua a confermargli di non essere all'altezza. Ciò non significa che dovresti dare le chiavi dell'auto a tuo figlio di 9 anni, ma proporre sfide adeguate al suo livello di sviluppo per permettergli di rischiare, di imparare dai suoi errori, e di crescere.

Un genitore saggio sa che, sebbene potrebbe aprire da sé la noce, è meglio offrire ai figli la possibilità di sbagliare piuttosto che risolvere sempre ogni problema per loro. Piuttosto che cercare di evitare che i figli incontrino ostacoli, dovremmo augurarci che ne affrontino di nuovi, così da poter superare le sfide, sentirsi competenti e accrescere la loro autostima. Si chiama sviluppo del senso di "responsabilità", parola stupenda che deriva da respons - abile ovvero capace di dare una risposta ai dubbi e ai problemi della vita.

1.4 "ATTENTO CHE TI FAI MALE" - DAL DIARIO DI ROBY

Mio padre Vito è sempre stato un esempio eccezionale, un vero faro nella mia vita. Non smetterò mai di essere grato per tutto ciò che ha fatto per me.

Anche se, come ogni padre, compreso io stesso che sono a mia volta padre, Vito non è stato esente da errori nell'educazione. Gli sono grato anche e forse soprattutto per questi errori. Senza di essi, non avrei potuto crescere e diventare la persona che sono oggi, non avrei sviluppato la mia sensibilità, la capacità di notare i dettagli, l'intuito e l'empatia.

Da bambino, la mia vita era piena di riflessioni. Osservavo il cielo, gli animali, sognavo invenzioni e trovavo utilizzi creativi per gli oggetti. La mia immaginazione era vivace, e avevo un forte interesse per i lavori manuali, la tecnica e il bricolage, qualità in cui mio padre eccelleva. Era capace di riparare qualsiasi cosa e non abbiamo mai avuto bisogno di chiamare professionisti per lavori in casa. Ha costruito con le sue mani interi ambienti, mostrando una maestria senza eguali. La sua abilità era fonte di grande ammirazione per me, anche se spesso mi sentivo inadeguato confrontandomi con le sue capacità.

Ricordo un episodio in garage: volevo costruire una rampa per saltare con il mio skateboard. Mio padre, preoccupato per la mia sicurezza, preferiva che usassi attrezzi come seghe e martelli solo sotto la sua supervisione. Ma quando era lì con me, mi sentivo bloccato, incapace di muovermi come sapevo. Le sue frequenti avvertenze, benché dettate da preoccupazione, finivano per minare la mia autostima, lasciandomi frustrato e sconfitto.

Spesso mi ripeteva "Attento che ti fai male! Ora ti tagli…". "Vuoi che faccio io?" "Lascia che ti aiuti" e si sostituiva a me. In quei momenti mi sentivo una nullità.

Un giorno, mentre ero al lavoro, le sue incessanti avvertenze hanno finito per avverarsi: mi sono tagliato, proprio come aveva predetto. In quel momento, ebbi la prova dell'esistenza delle profezie che si autoavverano, un concetto che sperimentai anche durante le lezioni di guida con lui. La sua ansia influenzava negativamente le mie prestazioni, rendendomi estremamente sensibile a raccomandazioni e critiche.

Questa sensibilità mi ha accompagnato per un periodo, spingendomi a sfidare le mie paure per guadagnare la mia autonomia.

Diventato padre, ho deciso di agire diversamente con mia figlia Giada, cercando di incoraggiarla e valorizzare i suoi tentativi di indipendenza. Capisco che l'amore di un genitore può sfociare in iper-protezione, ma ho imparato che proteggere eccessivamente non aiuta a costruire un'autostima solida.

Con Giada ho cercato e cerco tuttora di non sostituirmi a lei anche quando sarebbe più semplice e "sicuro". Le dico spesso: "provaci, puoi farlo…a limite sbagli e la prossima volta lo saprai fare meglio". Nel mio lavoro di psicologo ho notato che i bambini e i ragazzi in generale sono spaventati dagli errori che potrebbero commettere. Hanno molte insicurezze, forse alimentate dai social network, e pensano intimamente: "solo io sono un incapace, mentre gli altri riescono e si divertono!" Con questi pensieri in testa tendono a chiudersi sugli schermi digitali, e il contatto col mondo e con l'altro è visto come minaccioso e fonte di ansia e stress. Ciò si ripercuote anche nelle relazioni sentimentali. Molti ragazzi mi confessano di avere enormi difficoltà ad approcciare persone dell'altro sesso dal vivo e preferiscono farlo solo dietro una fredda chat. In questo scenario il ruolo dei genitori è fondamentale per crescere persone con una salda autostima e che non si debbano rifugiare in droghe e paradisi artificiali come il web per sfuggire alle proprie paure che neppure riescono più a riconoscere.

Amare veramente significa accettare l'altro per ciò che è, senza cercare di cambiarlo secondo i nostri desideri. Questa è forse la sfida più ardua, poiché nel volto di un figlio, di un amico o del partner, vediamo spesso i difetti che non abbiamo ancora accettato in noi stessi.

La strada verso il perdono e l'accettazione di sé conduce a una maggiore tolleranza e apertura verso gli altri. In questo modo, l'autostima si diffonde, diventando quasi contagiosa.

1.5 Giovanna in cerca d'amore - Momenti di svolta in terapia

Nel corso della mia pratica clinica ho avuto l'opportunità di lavorare con una donna, che chiameremo Giovanna, la cui storia personale è esemplificativa del profondo impatto che l'infanzia può avere sull'autostima di un adulto.

Giovanna arrivò in terapia presentando una bassa autostima, radicata in un'infanzia difficile durante la quale suo padre l'aveva, purtroppo, spesso maltrattata e umiliata. Questi ricordi dolorosi si riflettevano in modo significativo in due aree principali della sua vita: sul lavoro, dove faticava a sentirsi apprezzata dal suo capo e dai colleghi, e nella sfera sentimentale, dove le sue relazioni amorose tendevano a terminare rapidamente poiché gli uomini perdevano interesse per lei.

Durante il nostro percorso terapeutico online, abbiamo affrontato queste sfide utilizzando, tra le altre tecniche, l'EMDR (Eye Movement Desensitization and Reprocessing), un approccio terapeutico innovativo particolarmente efficace nel trattamento del trauma.

Attraverso l'EMDR, Giovanna è stata in grado di elaborare e superare le ferite del passato che continuavano a influenzare negativamente la sua vita. La tecnica si basa su movimenti oculari guidati che, insieme alla narrazione dell'evento traumatico, aiutano a ridurre l'intensità delle emozioni negative associate, favorendo una rielaborazione cognitiva e emotiva del ricordo.

Man mano che procedevamo, Giovanna ha iniziato a imparare ad amare se stessa, arricchendo la sua vita con nuove esperienze e sperimentazioni. Si è iscritta a un corso di teatro e ha preso lezioni di tango, attività che le hanno permesso non solo di divertirsi e socializzare ma anche di riscoprire aspetti di sé che aveva trascurato o sottovalutato. Queste esperienze hanno contribuito a rinforzare la sua autostima, permettendole di vedere se stessa sotto una luce più positiva.

Al termine del percorso terapeutico, dopo circa dieci sedute, il cambiamento in Giovanna era evidente. Era già letteralmente rinata, con una nuova consapevolezza di sé e delle proprie capacità, pronta ad affrontare la vita con rinnovata fiducia.

Durante l'ultima seduta mi ha detto:

"Vorrei davvero ringraziarti dal profondo del cuore per avermi accompagnata in questo viaggio di scoperta e guarigione. Quando sono arrivata da te, mi sentivo persa, come se una parte di me fosse intrappolata in un passato doloroso da cui non riuscivo a liberarmi. Ogni giorno era una lotta per trovare un senso di valore in me stessa, sia nel lavoro che nelle relazioni. Ero convinta di essere destinata al fallimento, senza speranza di cambiamento.

Ma con la tua guida, ho imparato che il mio passato non deve definire il mio futuro. Attraverso il lavoro che abbiamo fatto insieme, specialmente con l'EMDR, sono stata in grado di affrontare e elaborare quelle ferite che sembravano così insuperabili. Hai acceso una luce in un percorso che pensavo fosse avvolto nell'oscurità, mostrandomi che la rinascita è possibile, che posso lasciare alle spalle il dolore e abbracciare una nuova vita con fiducia e amore per me stessa.

Le attività che ho iniziato a fare, come il teatro e il tango, non sono state solo passatempi, ma veri e propri strumenti di scoperta, che mi hanno permesso di riconnettermi con parti di me che avevo dimenticato o mai realmente conosciuto. Grazie a te, ho scoperto una forza e una gioia di vivere che non pensavo fossero possibili.

Oggi, mi guardo allo specchio e vedo una persona diversa, una persona che ama e apprezza se stessa, pronta ad affrontare il mondo con un nuovo senso di appartenenza e scopo.

La mia rinascita interiore è il dono più prezioso che tu mi abbia mai potuto dare, e per questo ti sarò eternamente grata. Grazie per aver creduto in me, anche quando io non credevo in me stessa. Grazie per avermi dato gli strumenti per costruire una vita che vale la pena di essere vissuta. Porterò con me queste lezioni per il resto della mia vita."

Questo caso di Giovanna dimostra non solo la resilienza e la forza interiore che tutti possediamo ma anche come, con il supporto giusto e un lavoro personale dedicato, sia possibile superare gli ostacoli del passato e costruire un futuro di successo e soddisfazione personale.

E tu, sei pronta a rinascere?

CAPITOLO 2 - RIFLESSIONE E AUTOCONSAPEVOLEZZA - STRATEGIA N. 1

> *Se non ti racconti la tua storia,*
> *sarai parte della storia di qualcun altro.*
>
> Virginia Woolf

2.1 TECNICHE DI INTROSPEZIONE. CONOSCERE SE STESSI

Ti racconto una storia. C'erano una volta due taglialegna che stavano lavorando usando l'ascia per abbattere alberi. Il primo si fermava ad affilare l'ascia ogni 30 minuti, mentre il secondo andava avanti ad oltranza, pensando "non ho tempo da perdere, voglio finire il lavoro nel più breve tempo possibile". Secondo te quale dei due ha completato per primo il lavoro? Paradossalmente, colui che si ferma ad affilare la propria ascia, lungi dal perdere tempo, ne sta in realtà risparmiando molto!

Applica questo insegnamento alla nostra vita quotidiana e scoprirai quanto spesso facciamo l'errore del secondo taglialegna. Diciamo: "Non ho tempo per fare meditazione, per leggere, per seguire i corsi Psylife". Ma sarebbe come dire: "non ho tempo per fermarmi a fare rifornimento di carburante, perché ho molta fretta." Ovviamente puoi continuare a pigiare il piede sull'acceleratore ma se non tieni conto della spia del serbatoi carburante, anche la migliore delle auto ti pianterà e diverrà inutilizzabile.

Immagina di iniziare un lungo viaggio verso una destinazione sconosciuta. Ti doteresti di strumenti per orientarti, come un navigatore o una mappa cartacea? E, trovandoti in una città mai visitata prima, ti fermeresti a consultare i cartelli stradali, verificando la tua posizione sulla mappa per assicurarti di procedere nella giusta direzione? Questo processo di orientamento è parallelo al viaggio interiore che ognuno di noi intraprende. Per navigare questo percorso, abbiamo bisogno di mappe, bussole e feedback continui che ci aiutino a determinare dove ci troviamo.

La riflessione personale costituisce la base dell'autoconsapevolezza; tramite momenti di introspezione e analisi, esploriamo pensieri, emozioni, valori e comportamenti, ottenendo una visione chiara della nostra identità e del nostro cammino di vita.

Tuttavia, chi si dedica realmente a questo processo? Spesso ci illudiamo di non avere tempo per fermarci a riflettere, cedendo alla frenesia quotidiana.

Parliamo di te: cosa fai ogni mattina non appena ti svegli? Questo non è un quesito banale, poiché le azioni compiute nei momenti di passaggio tra la veglia e il sonno possono influenzare radicalmente, nel tempo, il funzionamento e la struttura del nostro cervello. In particolare le prime ore di veglia sono basilari per dare il giusto imprinting alle nostre giornate.

Inoltre molti tendono a fuggire dalla noia, dal vuoto e dal confronto con se stessi, e a volte continuiamo a correre perché temiamo che i "mostri interiori" possano assalirci.

Per questo, ci immergiamo in distrazioni come cellulari, social network e impegni superficiali, credendoli essenziali, mentre in realtà evitano un confronto autentico con noi stessi.

Se la prima cosa che fai al mattino è afferrare il cellulare, stai compromettendo la salute del tuo cervello e della tua coscienza, privandoti della possibilità di dialogare con te stesso, di osservarti e conoscerti, di riflettere sul significato delle tue giornate e ricordare chi sei.

Magari inizi a correre e la tua giornata inizia già col piede sbagliato, perché hai già inserito il pilota automatico, quello che ti permette di continuare a funzionare come un robot che non si fa domande. Corri, corri…ma sai davvero dove stai andando?

In serata magari fai una fuga in palestra, dove, nonostante l'attività fisica, la mente è distratta da musica, persone, smartphone e pensieri, rendendoti assente a te stesso. La giornata si chiude con una cena davanti alla

TV, inondando la mente di altre informazioni superflue, per poi crollare sul divano con smartphone e TV accesi, senza mai concedersi un autentico riposo.

È sorprendente osservare come, nonostante questo stile di vita che a volte chiamo "anti-meditativo", molte persone sembrino stare bene, almeno in apparenza. Tuttavia, scavando un po' sotto la superficie, emerge un quadro ben diverso: un ampio uso di farmaci, ansiolitici, antidepressivi, malattie frequenti, una vitalità annullata, dominata da ansia, depressione, relazioni tossiche e un'insoddisfazione diffusa. Nessuno sembra conoscere la direzione della propria vita o il senso delle proprie azioni, trascinandosi in un'esistenza dedicata a pagare mutui e tasse, intrappolati in una "ruota del criceto" che non premia con nulla di valore.

L'altro giorno ho chiesto ad una mia amica che stava servendo dietro il bancone di un bar: "Secondo te perché corriamo così tanto e non ci dedichiamo a quelle attività che realmente ci fanno stare bene e le rimandiamo all'infinito?" Lei mi ha risposto rassegnata: "Non c'è soluzione Roby, lavoriamo sempre perché dobbiamo pagare le spese, il mutuo e tutto il resto."

Questo loop mentale lo abbiamo creato solo ed esclusivamente noi con le nostre condizioni e credenze limitanti, tramandate in maniera a-critica di generazione in generazione.

Come se il mutuo piovesse dal cielo! In realtà siamo noi ad alimentare certi meccanismi perversi, credendo che alcune cose siano inevitabili e perdendo in questo modo la capacità di scegliere.

Non ho nulla in contrario rispetto all'acquisto della prima casa e alla possibilità di accedere ad un finanziamento, ma noto che moltissime persone utilizzano questo come scusa per continuare a vivere da automi una vita priva di reale significato.

Del resto si può "morire dentro" utilizzando qualsiasi scusa. Altre persone danno la colpa della loro inerzia alla presenza dei figli. "Non posso, perché ho i figli". O ancora "Ho il cane, non so a chi lasciarlo…" Diciamo che da questo punto di vista la fantasia dell'autoinganno non manca di certo: ogni scusa è buona per procrastinare la vita! A questo si aggiunge lo stile di vita innaturale che spesso conduciamo.

L'allontanamento progressivo dalla natura e dai suoi ritmi, avvenuto negli ultimi secoli e accentuatosi negli ultimi decenni, ha creato un deficit di riflessione e autoconsapevolezza. La vita moderna ci trasforma in robot privi di consapevolezza e presenza, in un mondo che cerca costantemente di distrarci da noi stessi. Mantenere il proprio centro in queste condizioni diventa un'impresa ardua. Solo attraverso la disciplina, una pratica regolare di riflessione e meditazione, possiamo ritagliarci momenti di autoconsapevolezza. Senza di essi, pagheremo un prezzo inevitabile in termini di malattia, disagio e problemi di autostima.

Conviene fermarsi spesso ad affilare la propria ascia!

Riflettere su ciò che si sta facendo può sviluppare la consapevolezza, offrendo una visione d'insieme, "a volo d'aquila", sulla propria vita. Al contrario, se si è troppo immersi nell'azione fine a se stessa e nei pensieri, se ci si lascia assorbire esclusivamente dalle urgenze o si tenta di "ammazzare il tempo" con distrazioni superficiali, si perde l'opportunità di riflettere su se stessi e imparare a vivere.

Viviamo in un mondo in cui cerchiamo di uccidere i tempi morti. Non riusciamo a staccarci dagli schermi neppure per dieci minuti consecutivi. Guardati intorno: tutti con la testa nel proprio smartphone. Alla noia è stata sostituita l'iper-stimolazione vuota, che può abbassare progressivamente le nostre capacità di concentrazione e di saperci relazionare in modo profondo agli altri e a noi stessi.

Alcuni arrivano in terapia senza avere la minima idea di cosa siano le emozioni. Quando gli si chiede "Come stai? Cosa senti, cosa provi?", non sanno rispondere al di là di un generico "bene" o "male". Invece conoscere le emozioni di base — gioia, rabbia, paura, tristezza, sorpresa, disgusto — e sapere come esse possano mescolarsi e creare infinite sfumature, è fondamentale per il nostro sviluppo personale. Viceversa è come essere un pittore che utilizzi solo il bianco e il nero, precludendosi le altre infinite sfumature di colore.

Per trovare le risposte che cerchiamo, dobbiamo guardare all'interno, poiché è lì che risiedono il senso e il significato delle nostre azioni. Ma chi ti ha insegnato finora a guardarti dentro?

Per migliorare l'autostima, dunque, è cruciale riflettere sulla propria storia personale, sul dialogo interiore che conduciamo oggi, sulle relazioni e sugli episodi che ci hanno portato a credere di valere poco o molto.

Consideriamo l'esempio di una madre che guarda sua figlia adolescente con disapprovazione ogni volta che indossa una gonna. Ella comunica senza parole, attraverso il suo sguardo e il linguaggio del corpo, disappunto e forse disprezzo nei confronti della ragazza. Questi atteggiamenti possono alimentare un senso di inadeguatezza, portandola a pensare di non essere attraente o degna di amore, di avere parti di sé da nascondere o di cui vergognarsi.

Al contrario, ci sono momenti che rafforzano la convinzione di avere grande valore, come una gara vinta in bicicletta con il padre o un sincero elogio ricevuto dalla madre. Elogiare in modo autentico un bambino, sottolineando le sue qualità, è fondamentale per accrescere l'autostima e farlo sentire riconosciuto e amato.

Quali sono i tuoi valori fondamentali? Qual è la tua missione di vita? Queste domande che possono sembrare oziose e dalle quali cerchiamo di fuggire, sono essenziali per procedere con determinazione nella vita, poiché conoscere i tuoi obiettivi e avere chiarezza su questi aspetti poi ermette di avanzare verso la realizzazione personale.

La differenza tra chi si pone alcune domande e chi procede a testa bassa è simile a quella che c'è tra colui che si lascia guidare ciecamente dal navigatore e colui che continua a confrontare ciò che dice il navigatore con ciò che vedono i suoi occhi nella realtà.

L'autostima cresce quando si percepisce di essere sulla strada giusta. Ma senza una chiara direzione, come è possibile sviluppare un'autostima solida? La direzione da seguire non riguarda solo gli obiettivi materiali, ma anche il tipo di persona che desideri diventare e le virtù che intendi coltivare.

Un percorso di crescita personale è fondamentale per acquisire gli strumenti che ti permettano di orientarti nella vita ed essere in grado di usarli costantemente in modo corretto.

Cartina, bussola e una chiara direzione ti permetteranno di navigare agevolmente nella tua vita. Attraverso l'analisi delle insicurezze, dei condizionamenti, delle auto-ipnosi negative e altri esercizi proposti in ambito terapeutico, puoi approfondire la comprensione di te stesso, trasformando i pensieri e le domande nocive in "domande trampolino" che orientano verso l'azione.

Riscrivere la tua storia personale, valorizzando ogni esperienza e trasformando le difficoltà in opportunità di crescita, è un passo cruciale verso l'accettazione di ste stesso e lo sviluppo di una solida autostima.

In ogni sfida si nasconde una "pepita d'oro" da scoprire, e il viaggio verso l'autostima è un percorso di continua scoperta e evoluzione, che procede per tutta la vita.

2.2 L'IMPORTANZA DELLA GRATITUDINE E DELL'APPREZZAMENTO PERSONALE

Ti ringrazio per lasciarti guidare dalle mie parole e avermi dato fiducia fin qui!

Nell'intreccio complesso delle nostre vite, spesso ci lasciamo travolgere dalle difficoltà e dalle sfide quotidiane, perdendo di vista i numerosi aspetti positivi che meritano la nostra attenzione e il nostro apprezzamento.

Focalizzarsi su ciò che abbiamo, su ciò che siamo, e coltivare un sentimento di gratitudine contribuisce a prevenire la depressione, come dimostrato da studi nel campo della psicologia positiva (Emmons & McCullough, 2003). Inoltre saper dire "grazie" con il cuore gioca anche un ruolo fondamentale nel rafforzamento dell'autostima e nel miglioramento dei legami sociali.

La pratica della gratitudine ci invita a riconoscere il valore delle nostre esperienze, delle persone che ci circondano e delle opportunità che la vita ci offre, trasformando la nostra percezione del mondo e di noi stessi.

Quando ti senti grato per ciò che hai e per ciò che sei, stimoli una riflessione interiore che alimenta l'autoapprezzamento. Ricordandoti delle tue capacità, dei tuoi successi e della bellezza che caratterizza la tua esistenza. Questo processo di valorizzazione personale è una pietra miliare nella costruzione di una solida autostima.

Inoltre, la gratitudine intensifica i legami sociali, agendo come un collante che unisce le persone attraverso il riconoscimento e l'apprezzamento reciproci.

Quando esprimiamo gratitudine verso gli altri, non solo rafforziamo le nostre relazioni, ma creiamo anche un ambiente positivo che incoraggia la gentilezza, l'empatia e la condivisione. Questo circolo virtuoso di apprezzamento e riconoscenza costruisce fondamenta solide per relazioni durature e significative.

In sintesi, dedicare tempo a coltivare la gratitudine e l'apprezzamento personale non è solo un esercizio di benessere interiore, ma una strategia efficace per arricchire la tua vita e quella delle persone intorno. La gratitudine è una chiave che apre la porta alla gioia, all'autostima e a connessioni umane più profonde e autentiche.

Come affermava il filosofo Seneca, "Non è felice colui che non si ritiene tale." Pertanto, riconoscere e apprezzare ciò che già possediamo è il primo passo verso una vita piena e soddisfacente.

Forse capita anche a te di lamentarti delle cose che ci sono da fare. Forse dici: "Che pizza, adesso mi tocca portare la macchina dal meccanico, e poi devo fare la spesa…"

Ogni volta che abbiamo questi pensieri ci sovraccarichiamo di negatività e il nostro livello energetico diminuisce, perché entriamo in conflitto con noi stessi. Da una parte vorremmo fare altro, però ci rendiamo conto dell'inevitabilità di certe azioni e ne soffriamo, creando un dissidio interiore che abbassa anche la nostra autostima.

Ti propongo una soluzione semplice che vorrei tu sperimentassi direttamente.

Anziché dire "devo farlo" prova a dire "ho la fortuna di farlo".

Ad esempio, anziché dire "devo stendere i panni, che noia, ne farei volentieri a meno…" prova a dire "Anche se in questo momento non ho grande voglia, ho la fortuna di stendere i panni. In effetti è una fortuna perché significa che intanto ho dei vestiti con cui coprirmi, che ho scelto io e mi piacciono. Inoltre ho la possibilità di lavarli ed essere pulito e profumato. In più sono grato perché oggi c'è il sole e i vestiti si asciugheranno in fretta. Inoltre ho un terrazzo e una casa dove posso tranquillamente vivere…ecc."

La mente condizionata in negativo ti porta a fare delle domande "sabbie mobili". Ad esempio potresti chiederti: "perché tutti hanno una donna delle pulizie e a me tocca stendere i panni?"

Ma possiamo trasformare le domande simili in una "domanda trampolino", che ti aiuta a spostarti da quello stato negativo per accedere alla gratitudine e alla creatività. Puoi chiederti: "come posso sentirmi grato di questo momento? Cosa posso apprezzare di questa attività?" Ad esempio, potresti stendere ascoltando musica che ti piace e ti rilassa, oppure ascoltare un podcast di psicologia come il mio, e nel frattempo apprendere molte cose importanti per la tua crescita personale. Cos'altro ti viene in mente?Un altro esempio interessante di come la gratitudine sia un potente antidepressivo è il seguente. Quando fuori piove, la gente solitamente dice che è una "brutta giornata". Ma se ci pensi non c'è nessun nesso tra il fatto che piova con il pensiero che la giornata sia tutta brutta.

Quindi quando qualcuno ti chiama e ti chiede com'è i tempo lì da te, potresti rispondere come faccio io: "E' una bellissima giornata di pioggia!"

2.3 LA FORZA DEL DIVENTARE PADRE - DAL DIARIO DI ROBY

Quando avevo quasi 30 anni sono diventato padre. E' stata un'esperienza molto arricchente perché ho scoperto di possedere una grandissima forza interiore che mi permetteva di superare tutti gli ostacoli che incontravo sul mio cammino.

Era come se una forza molto più grande di me mi spingesse ad andare avanti e mi dotava di incrollabile fede e fiducia.

La gravidanza non era programmata e in pochissimo tempo ho stravolto la mia vita. All'epoca ero in piena fase di esplorazione professionale e svolgevo contemporaneamente vari lavori: come psicologo dello sport in diverse società sportive e settori giovanili, conducevo progetti educativi nelle scuole e pensa che conducevo tre ambulatori clinici in contemporanea in tre città diverse. Non era possibile continuare in quel modo e volevo liberare tempo e spazio mentale per accogliere la piccola Giada.

Allo stesso tempo avevo una grande paura di non farcela e di non essere in grado di sostenere economicamente il peso delle circostanze. Così mi sono trovato a essere sommerso di pensieri ed emozioni contrastanti. Forse è successo anche a te...nei momenti di svolta senti tremare le gambe e non sai affatto quale strada imboccare.

In quei momenti vorresti essere in grado di replicarti e avere sette cloni che fanno tutto al posto tuo.

Volevo essere un buon compagno, presente e comprensivo, un buon padre che ha il tempo e la motivazione di accudire e giocare con sua figlia, volevo essere un professionista in carriera, gestire tanti progetti, scrivere libri, fare convegni…insomma stavo chiedendo troppo a me stesso.

Così un giorno in cui ero sprofondato in una nube nera di pensieri negativi ho detto: "Basta, ora vado a meditare nel bosco! Sarà lì che troverò l'ispirazione."

E sono andato in un luogo magico, pieno di pace ed energia, un luogo vicino Orvieto in cui ancora oggi vado a riflettere e dove conduco sessioni di terapia individuale o di gruppo nella natura.

La scelta di andare via da Roma dopo l'Università e di vivere in un contesto come quello di Orvieto è stata determinata proprio dalla possibilità di avere a disposizione molte aree verdi dove poter ricaricare la mia vitalità.

E così in quel luogo di pace, tra il fruscio delle foglie, nei pressi di un calmo laghetto ho potuto sintonizzarmi con la mia voce interiore.

Mi sono messo in ascolto innanzitutto delle mie paure. Le ho guardate negli occhi e ho dialogato con esse. Di cosa avevo realmente paura? Che cosa avevo paura di perdere? Da dove nascevano quelle paure e cosa stavano cercando di dirmi? Quanto erano reali e quanto era immaginarie, frutto di condizionamenti sociali e familiari?

Inoltre ho portato il mio respiro in profondità e ho lasciato che emergesse anche tutta la mia gratitudine nei confronti della Vita e di quella nuova avventura che mi aspettava. Mi sentivo il cuore colmo di gioia all'idea di diventare padre e donare amore a questa bambina, ma le vecchie paure stavano rischiando di offuscare quella fiamma stupenda. Non lo avrei più permesso…

Mi sono progressivamente sentito meglio. E' come aprire gli argini di una diga e lasciar defluire l'acqua in eccesso. Mi sono focalizzato sul respiro e sintonizzato con lo Spirito che è più grande di noi e ha grande saggezza.

A volte cerchiamo soluzioni razionali ai nostri problemi. Ma dovremmo prima fermarci a riflettere su cosa sono realmente quelli che definiamo problemi. Sono effettivamente tali? E' in nostro potere risolverli? Alcuni sono falsi problemi che non meritano la nostra attenzione e soprattutto la nostra preoccupazione. Quando la tua visione diventa chiara, tutto prende il posto che gli spetta.

Gli Indiani d'America e le popolazioni che a volte impropriamente definiamo primitive avevano accesso diretto alla saggezza dello Spirito. Sapevano cosa era giusto fare perché mantenevano un legame forte con la Madre terra (la Pachamama degli andini) e con il Padre cielo (Inti). In effetti l'osservazione e la contemplazione della natura ci insegna la saggezza, che è qualcosa di molto diverso dall'intelligenza arrivista a cui siamo abituati. E' la consapevolezza che noi siamo parte di un tutto universale molto più grande di noi e che il nostro compito è intuire il progetto divino e lasciare che la Vita accada attraverso di noi, diventando servitori di una saggezza più grande.

In quel momento della mia vita la cosa in assoluto più importante era che stavo per diventare padre e il mio compito essenziale era quello di dare amore, di farmi un veicolo dell'amore universale affinché arrivasse alla nuova creatura. Tutto qui.

Il resto in fondo erano solo dettagli secondari. Li avrei risolti sull'onda della stessa energia: l'energia di amore e di entusiasmo perché il più grande miracolo della nascita potesse ancora compiersi, come da milioni di anni aveva sempre fatto. Mi sono sentito totalmente pacificato e dentro di me è sorta l'inflessibile determinazione del Samurai. Ero pronto, avrei fatto ciò che era nel mio destino fare.

Ero totalmente ispirato. Infatti da lì a poco, immaginando il momento della futura nascita, ho scritto la canzone, "Giada". Se ti va puoi ascoltarla, fa parte dell'album "Dioniso"[4].

Sapevo che sfide enormi mi aspettavano, ma da quel momento in poi le avrei affrontate a cuore aperto, col sorriso e con la profonda serenità di colui che mette da parte il suo ego per farsi veicolo dell'Amore.

---

[4] www.psylife.it/dioniso

2.4 - Carlo lo sfigato - Momenti di svolta in terapia

Quando l'ho visto per la prima volta, in seduta Carlo mi ha detto: "Dottore a dire il vero io sono uno sfigato. Ha presente una di quelle persone che non ne azzeccano una? Sul lavoro tutti mi mettono i piedi in testa. Anche se all'inizio sembra che le cose vadano bene, poi succede sempre qualcosa che fa degenerare tutto. Con le donne non ne parliamo! Inizio una storia e dopo un po' si stufano di me, divento uno zimbello nelle loro mani, mi sfruttano e mi manipolano. Tanto che adesso non ho più voglia di avvicinarmi. Come posso fare? Lei mi può aiutare a essere un po' meno sfortunato?"

Durante il percorso terapeutico di 10 sedute abbiamo analizzato la sua infanzia e adolescenza per capire le radici di questi problemi.

Sai, spesso non sono davvero le circostanze esterne a essere sfavorevoli, ma siamo noi che viviamo in una sorta di auto-ipnosi negativa. Carlo ad esempio era profondamente convinto di essere sfortunato. E per quanto si sforzasse e si desse da fare nella vita, quella intima e inconscia convinzione lo portava ad auto-boicottarsi. In questo modo riceveva sempre conferma del suo essere sfortunato.

La mente è un po' come il fascio luminoso di una torcia, illumina ciò che tu scegli di illuminare. Nel caso di Carlo i condizionamenti dell'infanzia lo avevano abituato a portare il fascio luminoso sempre su ciò che mancava nella sua vita, su ciò che non andava alla perfezione.

E' come se tu girassi in casa con una torcia e non facessi altro che illuminare gli angoli più disordinati, sporchi e poco curati, tralasciando di illuminare anche le parti pulite, in ordine e piacevoli.

Dopo un po' ti convinceresti che quella casa è tutta un disastro e potresti addirittura iniziare ad odiarla, a pensare di doverti trasferire altrove!

Per fortuna, il percorso terapeutico è stato ancora una volta totalmente risolutivo ed evolutivo. Carlo ha potuto superare i condizionamenti dell'infanzia derivanti dalle voci interiori dei genitori, che pretendevano da lui il sempre il massimo. Erano voci giudicanti, accusatorie che non lasciavano spazio al godersi il presente, riconoscendo i suoi successi, le cose belle della sua vita.

Durante il viaggio terapeutico Carlo ha potuto riscrivere la sua storia. Da una narrazione che lo vedeva come un bambino sfortunato, diverso, inadeguato, è riuscito a raccontare una storia diversa perché ha riconosciuto anche le qualità importanti del suo modo di essere. Ha scoperto ad esempio che quel bambino era anche molto profondo, con una grande sensibilità d'animo, generoso e sempre pronto ad aiutare i deboli.

Carlo ha iniziato a praticare quotidianamente la gratitudine. Ogni mattina e ogni sera scriveva almeno tre cose per cui si sentiva grato, poi poneva le mani sul suo cuore e alimentava quella splendida gratitudine. La sua luce è cambiata, il suo cuore si è riempito di energia di gratitudine per tutto quello che aveva e che era, ha iniziato ad amare anche i suoi limiti, a sentirsi grato per le sfide quotidiane e per la possibilità di continuare a crescere.

Prima della terapia, quando un gatto nero gli attraversava la strada, Carlo si convinceva che qualche tragedia sarebbe presto accaduta e…indovina un po'… ne aveva puntualmente conferma!

Adesso ha capito che non c'è alcun nesso tra il gatto nero e la sfortuna, se non nella gabbia della sua mente condizionata.

Su mio suggerimento si è progressivamente convinto del contrario: "quando passa un gatto nero vuol dire che qualcosa di stupendo sta per capitarmi!" E indovina un po'…adesso Carlo adora i gatti neri ed è felice quando gli passano davanti.

La mente è davvero potente! Carlo si è convinto di essere "nato con la camicia" come si dice quando si è iper fortunati.

Ecco cosa mi ha detto una delle ultime sedute: "Roby non credevo di potermi sentire così felice. E' come se qualcuno avesse acceso la luce nella mia vita. Sono più sorridente e sereno, e tutti intorno a me lo hanno notato. Riesco a fare facilmente amicizia, le persone mi cercano e mi vogliono bene. Io mi sento più sicuro di me. Non sempre e comunque, perché alcune piccole insicurezze ancora ci sono. Ma sai che ti dico? Forse è anche giusto così…del resto nessuno è perfetto e chi mi vuole bene mi ama anche così coi miei piccoli difetti. Sono proprio nato con la camicia, che fortuna averti incontrato e poter lavorare insieme."

2.5 LABORATORIO INTERIORE: ESERCIZI PER L'ANIMA

ESERCIZIO 1: ANALISI DELLE INSICUREZZE

Questo esercizio, che ho chiamato "Analisi delle Insicurezze", è progettato per integrare la psicoterapia con strumenti pratici di autoanalisi e riflessione profonda, particolarmente utile per coloro che intraprendono un percorso con PsyLife nell'ambito del coaching e della psicoterapia. L'obiettivo è esplorare e comprendere meglio le proprie insicurezze, identificando le modalità in cui si manifestano, oltre a riflettere sulle possibili cause e sui messaggi evolutivi che possono trasmetterci. Segui i passaggi qui sotto per iniziare la tua analisi personale.

1. **Cosa**: Descrizione del Problema

Inizia descrivendo in dettaglio il problema che ti affligge di più in questo momento come se dovessi spiegarlo a qualcuno che non ti conosce. Cerca di essere il più chiaro e specifico possibile, delineando la natura dell'insicurezza o del problema senza presupporre alcuna conoscenza pregressa da parte dell'ascoltatore.
Ad esempio: "Il mio problema più grande in questo momento riguarda la mia insicurezza quando devo parlare in pubblico ad un gruppo di persone che non conosco.."

2. **Quando**: Momenti e Periodicità

Individua se ci sono momenti specifici durante la giornata, la settimana o l'anno in cui il problema si fa sentire con maggiore intensità. Esiste un legame con eventi particolari, anniversari, o periodi specifici della tua vita? Annota ogni pattern temporale che noti.

Ad esempio: "Ho notato che inizio a pensarci in modo ansioso già diverse settimane prima di un evento in cui so che dovrò parlare in pubblico. In particolare ci penso quando sono a letto, la sera prima di addormentarmi e ciò mi crea tensione…"

3. **Dove**: Contesti Specifici

Rifletti su dove ti trovi fisicamente o in quale contesto sociale si presenta più frequentemente il problema. Può trattarsi di luoghi specifici come il luogo di lavoro, la casa, o contesti sociali particolari. Elabora un elenco di situazioni in cui l'insicurezza emerge con maggiore evidenza. Ad esempio: "Temo in particolare le situazioni improvvise, quando c'è una riunione ho paura che sia chiesta la mia opinione e mi debba esprimere pubblicamente…"

4. **Come**: Emozioni e Sensazioni

Descrivi le emozioni e le sensazioni che sperimenti quando ti confronti con il problema. Utilizza aggettivi precisi e descrivi le sensazioni fisiche ed emotive che provi, per chiarire l'impatto che l'insicurezza ha su di te.

Ad esempio: "Ho il respiro corto, le mani sudate e una sensazione spiacevole alla bocca dello stomaco. Quando devo parlare in pubblico sento la gola secca e la mascella bloccata..."

5. **Con chi**: Relazioni Interpersonali

Identifica le persone con cui il problema si manifesta maggiormente. Ci sono figure specifiche nella tua vita che sembrano innescare o aggravare l'insicurezza? Al contrario, ci sono contesti sociali in cui il problema sembra attenuarsi o scomparire del tutto?

Ad esempio: "Quando sono a cena con amici, non ho problemi a prendere la parola e dire la mia. Quando sono ad una riunione di lavoro oppure su un palco, tendo a bloccarmi. Inoltre se c'è qualcuno che reputo importante e migliore di me, ho maggiori difficoltà..."

6. **Perché**: Motivazioni e Messaggi

Infine, dedica un momento a riflettere sulle possibili cause sottostanti il problema. Perché pensi si sia manifestato? Qual è il significato o il messaggio che potrebbe celarsi dietro questa esperienza? Considera questo passaggio come un'opportunità per esplorare possibili vie di crescita ed evoluzione personale che l'insicurezza ti sta indicando.

Ad esempio: "Credo che questa mia ansia derivi dall'infanzia. In particolare a scuola un'insegnante ci faceva alzare in piedi e dovevamo spiegare la lezione a tutta la classe, poi i compagni ci mettevano un voto e io una volta presi tutti 0 perché feci scena muta. Da allora ho avuto problemi a parlare in pubblico. Oggi questa difficoltà potrebbe aiutarmi a superare la paura di espormi e darmi una maggiore competenza sul lavoro, migliorando notevolmente la mia autostima…"

Ricorda, l'obiettivo di questo esercizio non è giudicarti o criticarti, ma piuttosto accogliere con curiosità e apertura le tue insicurezze, per comprendere meglio te stesso e avviare un percorso di trasformazione personale.

ESERCIZIO 2: RISCRIVI IL ROMANZO DELLA TUA VITA

Questo esercizio, che propongo anche nei percorsi di autoanalisi e crescita personale, ti invita a immergerti in un'attività profondamente riflessiva e trasformativa: la riscrittura della narrazione della tua vita. L'intento è di guardare alla tua storia non come a una serie di eventi fissi e immutabili, ma come a capitoli di un romanzo che hai il potere di interpretare e raccontare in modo nuovo.

1. **Inizio del Viaggio**

   Scrivi il romanzo della tua vita partendo dall'infanzia e procedi cronologicamente fino ad oggi. Non concentrarti sulla quantità di dettagli o sull'obbligo di coprire ogni singolo evento, ma piuttosto su quegli episodi significativi che ritieni abbiano plasmato chi sei.

Ad esempio potresti iniziare così: "C'era una volta una famiglia che viveva a Matera…e nel 1978 nacque un bel bambino che…"

2. Dai Valore a Ogni Esperienza

Per ogni periodo o evento importante della tua vita, prenditi un momento per riflettere sul valore che ha aggiunto al tuo percorso. Anche le esperienze che possono sembrare negative o dolorose a prima vista possono nascondere insegnamenti preziosi o aver contribuito alla tua resilienza e forza.

Ad esempio: "Un periodo molto difficile fu quando passai dalle scuole materne alle elementari perché…"

3. Trasforma le Tragedie in Opportunità

Guarda le sfide e le difficoltà che hai affrontato, come ad esempio un'infanzia complicata o rapporti conflittuali, e cerca di individuare come queste esperienze ti abbiano fornito l'opportunità di crescere, di diventare più forte, o di imparare qualcosa di nuovo su te stesso e sul mondo. Ad esempio, se hai vissuto in un ambiente familiare difficile, potresti considerare come queste circostanze ti abbiano reso più empatico, resiliente o indipendente.

4. **Ricerca la "Pepita d'Oro"**

   In ogni situazione negativa o in ogni difficoltà che hai incontrato, cerca di scoprire quale possa essere stata la lezione nascosta, la "pepita d'oro" che ti ha arricchito interiormente. Chiediti: "Qual è stata la crescita personale o l'evoluzione che questo episodio ha stimolato in me?"

   Non è facile rispondere a questa domanda. A volte l'ausilio di Ausilio è necessario. Ad esempio potresti dire: "Questa situazione mi ha reso più forte e capace di riconoscere personalità narcisistiche…"

5. **Riscrivi con una Nuova Luce**

   Mentre procedi nella riscrittura della tua storia, adotta una prospettiva che enfatizzi la crescita, il superamento delle sfide e il potenziamento delle tue qualità. Trasforma narrativamente le tue "tragedie" in "fortuna", non ignorando il dolore o la difficoltà, ma riconoscendoli come fondamentali passaggi del tuo percorso di crescita.

   Ad esempio una grande timidezza può essere narrata come capacità di introspezione, profondità d'animo, esplorazione dell'inconscio che hanno contribuito a renderti la persona generosa e profonda che sei oggi.

6. **Conclusione e Riflessione**: Una volta giunto alla narrazione degli eventi più recenti, rifletti su come la riscrittura della tua storia influisce sulla tua percezione attuale di te stesso e della tua vita.

Considera come questa nuova narrazione possa ispirarti a vivere i prossimi capitoli della tua esistenza con maggiore consapevolezza, resilienza e apertura verso le future "lezioni" che la vita ti riserverà.

Attraverso questo esercizio, avrai l'opportunità di rivedere la tua vita sotto una luce diversa, riconoscendo il valore intrinseco di ogni esperienza vissuta. Ricorda che il modo in cui scegliamo di narrare la nostra storia ha un impatto profondo su come ci vediamo e come ci sentiamo riguardo alla nostra vita. Questo processo di riscrittura non solo potenzia l'autostima ma apre anche la strada verso un futuro di maggiore accettazione e realizzazione personale.

CAPITOLO 3 - AFFRONTARE LE CREDENZE LIMITANTI - STRATEGIA N. 2

Non potrai mai essere pagato per quello che sei se non credi di valere molto.
Maya Angelou

3.1 SUPERARE LE CREDENZE LIMITANTI. UNA STRATEGIA VERSO L'AMOR PROPRIO

Ho un vivido ricordo di quando ero bambino. Mia madre mi aveva portato con lei in una piccola chiesa rupestre di Matera, un luogo molto carico, dove quella piccola struttura scavata nella roccia si affaccia sul canyon della gravina, con una vista mozzafiato nei pressi di grotte del neolitico. Mentre lei era assorbita dalle preghiere io mi ero avventurato nei dintorni e ricordo che c'era una piccola aiuola piena di fiori. Era primavera e ricordo che ebbi un momento di profonda connessione e bellezza quando ad un certo punto una grande quantità di farfalle arancioni, librandosi dai fiori, iniziò a volare intorno a me. Sembrava un sogno. In quel momento realizzai per la prima volta la bellezza misteriosa della vita. Quel momento di connessione con l'esistenza mi induceva ad amare me stesso, la vita e le persone che erano ogni giorno al mio fianco.

A distanza di molti anni, a volte ci ripenso e sorrido.

Forse è capitato anche a te. La vita dopo tutto è fatta di attimi di illuminazione e realizzazione. Chissà se in punto di morte il nostro inconscio ripercorre proprio i momenti così importanti, in cui il tempo si ferma e per un istante comprendiamo profondamente il senso ultimo della vita…

Imparare ad amarsi porta a scoprire che la felicità è un felice effetto collaterale di un nuovo atteggiamento mentale.

Proprio come una farfalla, la felicità ci sfugge quando la inseguiamo direttamente. Tuttavia, quando ci si dedica alla coltivazione dei propri giardini interiori, essa si posa delicatamente su di noi, accompagnata da innumerevoli doni e benedizioni. Ciò accade quando superiamo le credenze limitanti, quelle "ganasce mentali" che ci intrappolano in convinzioni riduttive e ci impediscono di realizzare il nostro pieno potenziale.

Spesso, sia dentro che fuori dalla terapia, mi trovo di fronte persone avviluppate in strati di credenze limitanti. Quando sei con questo tipo di persone puoi sentirti svuotato già dopo pochi minuti di conversazione, perché con la loro comunicazione verbale e non verbale si lamentano e portano negatività nella relazione.

Le convinzioni radicate e difese con ardore, come "non

sono capace", "sono sfortunato", "non ci sono opportunità di lavoro per me", sono autoreferenziali e si autoalimentano in un circolo vizioso da cui è difficile uscire. In tali casi, diventa essenziale limitare i contatti, a meno che non si tratti di familiari stretti che possono essere guidati con amore verso una comprensione più profonda di sé.

Ma come possiamo trasformare queste credenze e facilitare il raggiungimento del benessere emotivo? Liberandoci di queste zavorre mentali, permettiamo alla nostra "macchina interiore" di muoversi liberamente, persino di correre.

Superare le credenze limitanti è un passo fondamentale verso il benessere emotivo e il raggiungimento del pieno potenziale individuale. Come sostiene la psicoterapeuta Louise Hay, "Ciò che pensiamo di noi stessi diventa la verità per noi". Questo concetto sottolinea l'importanza delle credenze personali nel plasmare la nostra realtà interiore ed esteriore.

Numerose ricerche in psicologia confermano l'effetto delle credenze limitanti sul nostro comportamento e sulle nostre esperienze di vita.

Come abbiamo detto, secondo lo psicologo sociale Albert Bandura, le convinzioni sulla propria efficacia influenzano notevolmente la capacità di raggiungere gli obiettivi e superare le sfide.

Il suo concetto di autoefficacia suggerisce che le persone con una forte convinzione nelle proprie capacità sono più propense a perseguire attivamente i loro obiettivi e ad affrontare le difficoltà con resilienza.

Inoltre, la psicologa Carol Dweck ha evidenziato l'importanza di quella che chiama "Growth Mindset" cioè la "mentalità di crescita" nella determinazione del successo e del benessere. Le persone con una mentalità di crescita credono che le proprie abilità possano essere sviluppate attraverso l'impegno e la pratica, mentre coloro che hanno una mentalità fissa credono che le proprie capacità siano innate e immutabili. Superare le credenze limitanti richiede il passaggio da una mentalità fissa a una mentalità di crescita, che favorisce la ricerca di nuove opportunità e lo sviluppo personale continuo.

Nel mio lavoro come psicoterapeuta, ho osservato come le credenze limitanti possano fungere da barriere al cambiamento e al benessere. Tuttavia, ho anche visto la trasformazione che avviene quando le persone riescono a sfidare e a cambiare queste credenze. Attraverso un lavoro consapevole e motivato, è possibile liberarsi da queste "ganasce mentali" e aprirsi a nuove possibilità e opportunità.

È tempo di abbracciare il nostro potenziale e di liberarci dalle catene delle credenze che ci imprigionano.

E tu quali credenze limitanti ti porti dentro? Nessuno di noi è totalmente libero da queste credenze, perché il nostro Sè psicologico e spirituale è come una cipolla con tanti strati. Man mano che ci liberiamo dai vecchi condizionamenti ci rendiamo conto che dietro di essi ce ne sono altri, spesso più sottili ed insidiosi. Ecco perché il processo di rinascita e liberazione a mio avviso non è dato una volta per tutte, ma è un percorso che dura tutta le vita.

3.2 Diversamente Alto - dal diario di Roby

Avevo 16 anni e stavamo tornando a Matera da una gita scolastica. Ero sull'autobus insieme ai miei amici e compagni di classe e, udite udite, con noi c'era anche Giorgia, la più bella ragazza che mai avessi visto in vita mia, che frequentava un'altra classe.

Le cotte adolescenziali sono qualcosa di veramente incredibile. Un'esplosione di emozioni e ormoni che ti lascia stordito e ti fa sentire come se fossi in un potente frullatore. Hai presente?

Erano mesi che aspettavo quel momento e neppure con 40 di febbre avrei rinunciato ad andare a quella gita.
Giorgia però era fidanzata, per giunta con il metallaro più adorato della scuola, colui che incarnava in sé le qualità del bello e dannato, a cui molte ragazzine guardavano come a un idolo.

Insomma già partivo con mille dubbi e insicurezze, ma avevo deciso di giocarmi comunque tutte le mie carte, perché mi sono sempre piaciute le sfide e soprattutto perché ero davvero partito di testa per quella ragazza.
Dentro di me avevo una paura tremenda. "E se mi respinge? Se non le piaccio? Chissà che penserà dei miei brufoli…magari la annoio…"
Per fortuna però non mi ero fatto fermare da quelle vocine, ma preso il coraggio a due mani stavo attuando il piano preparato in precedenza col mio migliore amico. Avviciniamo le due amiche facciamo i simpatici,

parliamo scherziamo finché riusciamo a sederci sul bus proprio di fianco a loro. Meglio ancora! Io mi siedo di fianco a Giorgia e il mio amico si siede con la sua amica: perfetto!

Così sfoggio tutte le mie qualità di oratore, seduttore, maschio alfa però dotato di sensibilità artistica e intellettuale ("a differenza di certi rozzi personaggi che ci sono in giro..."), le faccio domande, la ascolto, la faccio ridere e tutto il resto, insomma una performance da 10 e lode.

"E' fatta!" Penso dentro di me, mentre la mia autostima raggiunge le vette innevate del Karakorum.

Ma il tempo passa veloce ed in battito di ciglia verso la mezzanotte siamo già a destinazione. I genitori ci aspettano con i motori accesi per tornare a casa e quando il bus si ferma e ci alziamo in piedi per scendere, la gentile Giorgia mi guarda dall'alto e mi dice stupita: "Ah, ma sei basso!!"

A quel punto il tempo si ferma, così come il sangue nelle mie vene e in meno di un millisecondo mi sono trovato dalla vetta del K2 agli abissi più profondi che neanche Lucifero ha mai visitato.

Sbam!

La portiera dell'autobus che si apre mi spalanca una voragine di delusione e sgomento, uno shock da cui mi sarei ripreso solo molti mesi dopo.

"La gita è finita, andate in pace!"

Con buona pace anche del tentativo di approccio con Giorgia, dell'aver creduto per qualche minuto di poter essere io il suo ragazzo.

Forse hai presente la sensazione e le emozioni in questi casi. Deflagrante è il rumore dei nostri sogni che si infrangono in un attimo!

Da quel momento in poi per un bel periodo ho avuto difficoltà a credere in me stesso nel rapporto con le ragazze. Mi sentivo inadeguato e quelle parole "sei basso" continuavano ad echeggiare nella mia mente.

Finché…un giorno sono andato in vacanza in Messico e ho capito che ero molto alto!

Scherzi a parte, ho capito col tempo che tutto è relativo. Ero basso, è vero, rispetto a lei che aveva una decina di cm in più. Ma a ben guardare ero alto rispetto ad altre ragazze (soprattutto in Messico!).

E comunque, mentre mi riprendevo dalla depressione da calo di autostima, ho realizzato che seppure fossi alto solo 168cm avevo davvero tantissime altre qualità che avrei coltivato. Infatti mentre l'altezza non può sostanzialmente venir modificata, esistono una serie di competenze psicologiche, relazionali, comunicative che possono assolutamente essere implementate.

Ho deciso che mi sarei focalizzato solo su di esse. E ad esempio mi sono dedicato allo studio della chitarra.

Ancora oggi, a volte, mi viene qualche pensiero negativo su me stesso. Perché negarlo? Anche chi ha una buona autostima a volte può sentirsi un po' da meno degli altri, un po' inadeguato di tanto in tanto. Non sei il solo… capita anche allo psicologo!

Ma ciò che oggi mi ripeto è totalmente diverso da allora. Il modo in cui tratto quei pensieri è cambiato radicalmente. Innanzitutto evito di alimentarli e dò loro molta meno importanza. Oggi penso che non tutti sono in grado di apprezzare alcune cose e che non è compito mio piacere a tutti. Così come ci sono persone che guarderanno i miei difetti storcendo il naso, ce ne saranno altrettante, se non di più, che apprezzeranno altri aspetti di me.

"Per ogni persona a cui non piaccio, ce non almeno altre tre che mi amano". E' una frase che mi ripeto spesso.

Il nostro compito non è sentirci superiori agli altri, o iper-compensare ciò che non ci piace di noi, ma iniziare ad amarci così come siamo, rilassarci e fare pace con le nostre caratteristiche, soprattutto con quelle che non possiamo modificare.

Fino ad arrivare a scherzare sui nostri (ex) difetti, e apprezzare il fatto che una persona bassa ad esempio può infilarsi dappertutto come sanno bene gli speleologi, e passare inosservata all'occorrenza tra la folla.

Ecco perché ho deciso di restare in Italia e non trasferirmi in Messico dove darei troppo nell'occhio a causa della mia altezza!

3.3 Martina nel panico - Momenti di svolta in terapia

Moltissimi pazienti presentano credenze limitanti di qualche tipo e spesso sono così radicate che essi non le riconoscono neppure. Rappresentano le premesse inconsce che influiscono pesantemente sul loro vissuto doloroso.

Martina è una giovane donna di 30 anni arrivata da me dopo aver fatto come spesso accade già altre due terapie poco efficaci.

Da dieci anni soffriva di attacchi di panico che si erano accentuati nel periodo del lockdown in pandemia. I suoi attacchi erano cominciati dopo l'inizio di una relazione omosessuale con quella che è attualmente la sua compagna e convivente.

La famiglia di Martina non ha mai accettato la sua omosessualità. Racconta che sin da piccola le piaceva "fare il maschio" ma sua madre non lo ha mai accettato. Mentre suo padre gradualmente si è abituato alla sua identità, la madre e la sorella hanno sempre fatto resistenza facendola sentire sbagliata e anormale.

In più sua madre era solita picchiarla, umiliandola anche davanti ad altri familiari, perché aveva alti standard di performance per lei. Ad esempio ancor oggi non è soddisfatta della sua pur brillante carriera e le dà consigli e indicazioni per quanto riguarda il lavoro.

Esaminando più a fondo la storia di Martina abbiamo rilevato che sua nonna presentava un'allergia grave ad alcuni alimenti. Per motivi genetici anche Martina aveva ereditato tale allergia e sin dai tempi dell'asilo era seguita a livello medico, aveva mille restrizioni e le insegnanti dovevano attentamente sorvegliarla per evitare che si sentisse male.

Ciononostante per ben due volte in infanzia aveva subito shock anafilattico ed era stata ricoverata.

Da questi episodi derivavano due dei suoi condizionamenti più radicati.

"Sono anormale" lo aveva acquisito nel confronto con gli altri bambini, che invece potevano mangiare qualsiasi cosa, mentre lei aveva un trattamento speciale.

"Sono in pericolo" lo aveva acquisito dall'oggettiva pericolosità di alcuni cibi che le avevano provocato più di un ricovero ospedaliero.

Infine, relativamente al suo sviluppo sessuale, aveva sviluppato la credenza "Non posso essere me stessa, altrimenti non merito amore"

Il problema dell'accettazione della sua identità sessuale, che poteva sembrare il fulcro dei suoi disagi e come tale era stato trattato nelle altre terapie, era invece successivo a questi condizionamenti inconsci, che si erano radicati profondamente in lei e avevano determinato gli attacchi di panico.

Quando una persona vive un'esperienza traumatica, il cervello registra quel ricordo in modo diverso rispetto agli eventi ordinari. In particolare il sistema limbico e l'amigdala, una parte del cervello coinvolta nella gestione delle emozioni, sono fortemente attivati durante gli eventi traumatici. In questo caso i ricordi possono essere codificati in modo più intenso e dettagliato, rendendoli più persistenti e difficili da dimenticare.

Le esperienze traumatiche possono anche innescare reazioni fisiologiche nel corpo, come aumento della frequenza cardiaca, sudorazione eccessiva, tremori e sensazioni di oppressione al petto. Queste reazioni sono il risultato dell'attivazione del sistema nervoso simpatico, che prepara il corpo alla "risposta di lotta o fuga" in situazioni di pericolo. Tuttavia, nelle persone che hanno vissuto traumi, queste reazioni possono essere scatenate anche da stimoli che non rappresentano una minaccia immediata, portando a attacchi di panico e altri sintomi ansiosi.

Nel caso di Martina il lavoro terapeutico è riuscito in cinque sedute a farle fare il salto quantico che le mancava per liberarsi completamente dal disagio.

I precedenti percorsi avevano spianato la strada e le avevano fornito tutte le categorie cognitive per comprendersi, ma mancava il pezzo più importante, che io chiamo "fare reset della caldaia" cioè aiutare il cervello emotivo e automatico a non innescare reazioni di panico quando non c'è bisogno.

Nel frattempo e parallelamente Martina ha trasformato i vecchi condizionamenti negativi in messaggi positivi come "Sono al sicuro, adesso" "Sono normale" "Posso essere me stessa".

Mi ha detto. "Roberto la mia vita non è più la stessa grazie a te. Mentre prima mi dovevo sforzare di tenere sotto controllo l'ansia, adesso semplicemente è scomparsa e mi sento serena. Mi voglio bene così come

sono e ho capito finalmente che non sono la pecora nera
che credevo, sono solo me stessa! E sai cosa è successo?
Che persino mia madre mi stressa molto meno, mi lascia
fare e addirittura ogni tanto mi ha detto che mi vuole
bene. Sono così felice adesso nella mia nuova casa, e ho
voglia di condividere questa gioia con la mia nuova
compagna e con gli amici."

3.4 Laboratorio Interiore: Esercizi per l'Anima

Esercizio 3 - Identificare le Proprie Barriere

Dedica a te stesso un momento di quiete e riflessione per riconoscere le credenze limitanti che finora hanno ostacolato la piena espressione del tuo essere e la capacità di godere appieno la vita. Questo processo di introspezione ti permetterà di individuare le convinzioni negative che hanno plasmato la percezione di te stesso e del mondo intorno a te.

Prenditi almeno mezz'ora di solitudine e rispondi per iscritto alle seguenti domande:

- **Quando evito di fare qualcosa, qual è la vera ragione dietro la mia esitazione?**
  Questa domanda può aiutare a identificare se dietro l'evitamento ci sono paure o convinzioni negative, come il timore di non essere all'altezza o di fallire.
- **Quali sono i pensieri che mi attraversano la mente quando mi trovo di fronte a una sfida?**
  Spesso, le credenze limitanti emergono nei momenti di sfida. Ascoltare il proprio dialogo interno può rivelare convinzioni come "non

sono abbastanza bravo" o "questo è troppo difficile per me".

- **Cosa mi dico quando qualcosa va storto?**
  Le reazioni a eventi negativi possono essere molto rivelatrici. Se le risposte automatiche sono auto-critiche o generalizzanti (tipo "succede sempre a me"), potrebbero riflettere una visione limitante di sé e delle tue capacità.

- **Quali sono le cose che credo di non poter cambiare di me stesso?**
  Riconoscere le aree della tua vita in cui vedi impossibile il cambiamento può mettere in luce credenze limitanti radicate.

- **Come descriverei me stesso?**
  Gli aggettivi e i termini che si usano per descriversi possono offrire indizi su come ti vedi realmente. Parole negative o limitanti possono indicare aree da esplorare e migliorare.

- **Quali successi ho ritenuto di non meritare?**
  A volte, le credenze limitanti si manifestano come incapacità di accettare i propri successi. Sentirti come un "impostore" può essere un segnale che non riconosci il tuo valore e le tue capacità.

Esercizio 4 - Riscrittura delle credenze

Una volta portate alla luce, trasforma ogni credenza limitante in un'affermazione positiva e potenziante.

Ad esempio, riformula il pensiero "sono inadeguato" in "sono competente e capace", o "ho tutte le qualità necessarie per realizzare i miei sogni".

Queste nuove credenze devono essere personali, positive, formulate al presente, potenzianti e semplici, servendo da pilastri per la costruzione della tua nuova identità.

Visualizzazione del Futuro: Il Potere della Proiezione Positiva

Immagina ora il futuro in cui queste barriere non esistono più: come cambierebbe la tua vita? Crea una visione dettagliata del tuo scenario ideale, pensando a cosa faresti se avessi il potere di modellare la tua esistenza secondo i tuoi desideri più profondi.

Concludi questo esercizio con una descrizione vivida della persona che desideri diventare. Se fossi già la versione migliore di te stesso, quali qualità avresti? Il tuo Sè Ideale come si comporterebbe nelle diverse aree della vita? Questa visione della tua "persona ideale" servirà da guida e ispirazione nel tuo percorso di crescita personale.

Ricorda, ogni passo verso la consapevolezza e il cambiamento è un passo verso la realizzazione del tuo vero potenziale.

Esercizio 5 - Frasi potenzianti

Ripetere frasi potenzianti davanti allo specchio è una pratica di auto-affermazione potente che può trasformare significativamente la percezione che abbiamo di noi stessi e rafforzare la nostra autostima. Queste affermazioni positive, se ripetute quotidianamente, possono aiutarci a rimodellare i nostri schemi di pensiero, promuovendo un atteggiamento più positivo e confidente verso la vita e verso noi stessi. Ecco alcuni esempi di frasi potenzianti che puoi iniziare a usare:

- "Sono degno di amore e felicità."
Un promemoria del tuo valore intrinseco e del tuo diritto a una vita piena di gioia e amore.

- "Ho la forza per superare qualsiasi sfida."
Rafforza la tua resilienza e la tua capacità di affrontare e superare gli ostacoli.

- "Ogni giorno, in ogni modo, sto diventando sempre migliore."
        Un'impostazione verso il miglioramento continuo e la crescita personale.

- "Sono un creatore di successo."
Incoraggia la fiducia nelle tue capacità e nel tuo potere di realizzare i tuoi obiettivi.

- "Merito tutto ciò che è buono."
Un richiamo a credere nel tuo valore e a permetterti di accogliere abbondanza e opportunità positive nella tua vita.

- "Oggi scelgo la gioia."
Una decisione consapevole di focalizzarti sul positivo e di trovare la felicità nelle piccole cose.

- "Le mie opinioni e i miei sentimenti sono validi."
Affermazione della tua importanza e del diritto di esprimere te stesso liberamente.

- "Confido nelle mie capacità di navigare il mio percorso di vita."
Potenzia la fiducia in te stesso e nella tua intuizione come guide affidabili.

- "Sono aperto/a a nuove opportunità e esperienze."
Incoraggia l'accettazione del cambiamento e l'esplorazione di nuove possibilità.

- "Il mio potenziale è illimitato."
Un promemoria che non ci sono limiti a ciò che puoi raggiungere, tranne quelli che ti imponi.

Puoi scegliere da una a tre di queste affermazioni e ripeterle con emozione ogni mattina davanti allo specchio. Durante la giornata ripeto mentalmente queste frasi, scrivile su dei post-it che lasci in giro per casa e in ufficio. Pensa che io ne ho messo qualcuno anche in frigorifero! Sii creativo, usa uno screensaver motivazionale per il tuo cellulare o pc. Ripeti queste frasi quando vai a dormire la sera, perché in quel momento il cervello è molto ricettivo.   Ricorda: le parole hanno potere.

Scegli le affermazioni che risuonano più profondamente con te e rendile parte della tua routine quotidiana. Col tempo, queste frasi potenzianti possono diventare credenze radicate che plasmano la tua realtà in modo positivo.

CAPITOLO 4 - GESTIONE DELLO STRESS E MINDFULNESS - STRATEGIA N. 3

4.1 VIVERE CON GRATITUDINE NEL MOMENTO PRESENTE

Gestire efficacemente lo stress è fondamentale poiché l'accumulo di tensione negativa può minare la nostra autostima. Forse è capitato anche a te di notare che quando sei sotto pressione hai anche energie ridotte, meno voglia di interagire con gli altri, si riduce la tua resilienza e tendi a vedere il bicchiere mezzo vuoto.

La mancanza di sonno o una nutrizione inadeguata, unita allo stress, influenza certamente il nostro umore e il nostro benessere fisico, inclinandoci verso una disposizione più negativa.

Praticare la mindfulness e tecniche efficaci di gestione dello stress può significativamente migliorare la nostra autostima, dotandoci degli strumenti necessari per affrontare le sfide quotidiane con calma e fiducia. La serenità d'animo è essenziale per mantenere un'alta autostima attraverso le turbolenze della vita.

Secondo gli studi di Martin Seligman, la gratitudine è il più potente degli antidepressivi. Iniziare la giornata con un sentimento di gratitudine, apprezzando ciò che abbiamo e ciò che siamo, migliora il nostro stato fisico e mentale, promuove benessere e previene il declino fisico e le malattie. La pratica costante della gratitudine è dunque essenziale per mantenere viva la consapevolezza delle nostre fortune, inclusa la semplice ma preziosa condizione di essere vivi.

La nostra mente è come una scimmia. Tende a saltare di qua e di là e non si ferma mai. In altri miei scritti ho approfondito il pensiero eccessivo e ossessivo e mostrato come una buona psicoterapia unita alla pratica costante di esercizi di presenza consapevole siano in grado di riportare la quiete nella nostra mente. [5]

La Mindfulness, sebbene abbia guadagnato popolarità negli ultimi decenni, affonda le sue radici in un passato molto più remoto. La parola stessa deriva dalla lingua Pali, parlata da Buddha, e significa essere pienamente presenti e consapevoli della realtà così com'è. Il Dr. Herbert Benson, un cardiologo di Harvard,

---

[5] Vedi i libri "Ruminazione Mentale" e "Rilassamento e Meditazione"

è stato tra i pionieri nell'esplorare la mindfulness in un contesto scientifico occidentale. Affascinato dalle potenzialità della meditazione e dell'attenzione concentrata, Benson ha iniziato a indagare come queste pratiche potessero influenzare positivamente la salute fisica e mentale, in particolare nel contesto delle malattie cardiache e dell'ipertensione.

Questa curiosità ha aperto la strada a un più ampio riconoscimento della mindfulness nel mondo scientifico, collegandola a tradizioni secolari come il buddismo, il taoismo e lo zen, e ponendo le basi per la sua integrazione nella psicologia e nella medicina moderna.

L'ingresso della mindfulness nel campo della scienza moderna è stato significativamente influenzato dal lavoro di Jon Kabat-Zinn, un medico che ha esplorato il potenziale della meditazione e dell'attenzione consapevole nel trattamento dello stress e dei disturbi correlati.

Negli anni '80, Kabat-Zinn ha condotto esperimenti pionieristici, dimostrando che la pratica regolare della mindfulness poteva notevolmente migliorare la qualità della vita dei pazienti, anche in assenza di patologie fisiche evidenti.

Questi studi hanno portato alla creazione di programmi di riduzione dello stress basati sulla mindfulness (MBSR), che hanno mostrato risultati promettenti nella gestione dello stress e nell'incremento del benessere generale. Kabat-Zinn ha sottolineato l'importanza della consapevolezza del respiro e del riportare la mente al presente ogni volta che si distrae, un processo che si è rivelato efficace nel ridurre l'ansia e migliorare la concentrazione.

Uno degli aspetti centrali della meditazione è la focalizzazione sulla respirazione. Questa pratica non si limita al semplice atto di respirare, ma implica una consapevolezza profonda di ogni respiro, di ogni pausa e di ogni espirazione. Possiamo riconoscere e accettare il momento presente attraverso la respirazione, stabilendo un ponte tra la mente e il corpo.

Il processo di attenzione al respiro è stato dettagliatamente esplorato da Benson e Kabat-Zinn nei loro studi. Hanno osservato che, durante la meditazione, i monaci buddisti erano capaci di attivare il sistema parasimpatico, promuovendo un senso di calma e riducendo lo stress. Questa pratica di "respirazione consapevole" è stata poi adottata come parte fondamentale dei programmi di meditazione, sottolineando il legame intrinseco tra mente, corpo e benessere.

La scienza moderna ha confermato che la pratica regolare della meditazione e la focalizzazione sulla respirazione possono portare a miglioramenti significativi nella salute fisica e mentale, inclusa la riduzione della pressione sanguigna e il miglioramento della funzione cardiaca.

Altro aspetto collegato al primo come si diceva è la pratica della gratitudine.

Solitamente la nostra mente si focalizza prevalentemente su ciò che manca rispetto a ciò che abbiamo. In questo modo, da un punto di vista evolutivo, riusciamo a prevenire futuri problemi e sopravvivere alle avversità. L'altro lato della medaglia è che se la mente non viene addestrata a valorizzare il positivo, porta inevitabilmente a sentirsi insoddisfatti, frustrati e con scarsa autostima.

Visitando l'America Latina sono rimasto sorpreso nel vedere persone estremamente povere mostrare gioia, serenità e gratitudine per le piccole cose che hanno. Se ci fai caso il possesso di beni materiali e ricchezze consistenti non è necessariamente correlato al sorriso sul volto. Piuttosto dobbiamo constatare come l'approccio psicologico alla vita, al denaro e al possesso di beni materiali sia molto più importante rispetto alla cifra del conto in banca che si possiede.

Modificando le tue convinzioni rispetto al denaro e alla ricchezza e sviluppando la gratitudine potrai tranquillamente moltiplicare per 10 o per 100 il tuo patrimonio, come è successo a me e tante altre persone, senza alcuno stress e senza particolare attaccamento o avidità.

E tu quanto ti senti grato di ciò che hai? Quanto riesci a sentirti felice o quanto piuttosto tendi a pensare solo a ciò che ancora non hai e che vorresti avere?

La gratitudine è stata oggetto di numerosi studi scientifici che ne hanno esplorato gli effetti benefici sulla salute mentale e fisica, tra cui il suo potenziale come antidoto naturale alla depressione. Uno degli studi pionieristici sul tema, condotto da Emmons e McCullough, ha scoperto che tenere un diario della gratitudine quotidiano può portare a miglioramenti significativi nel benessere generale, nel sentimento di ottimismo e nelle emozioni positive, nonché a una riduzione dei sentimenti di depressione e ansia[6].

Seligman e collaboratori hanno riscontrato che scrivere lettere di gratitudine a persone significative nella propria vita ha avuto effetti duraturi nel migliorare la felicità e nel diminuire i sintomi depressivi fino a tre mesi dopo l'intervento[7].

Si è giunti a dimostrare che la gratitudine è un predittore significativo del benessere, indipendentemente dai tratti di personalità[8]. Infine diverse ricerche hanno dimostrato gli effetti benefici anche a livello fisico della gratitudine. La ricerca di Lambert e collaboratori ha collegato la gratitudine a miglioramenti nella salute cardiovascolare, suggerendo che oltre ai benefici psicologici, la gratitudine può offrire anche vantaggi fisici.[9]

Insomma non c'è alcun motivo per non sentirsi grati adesso e per non coltivare ogni giorno questa meravigliosa energia di gratitudine.

Vuoi cominciare adesso a dire grazie a te stesso e alle persone intorno a te?

---

[6] Emmons e McCullough (2003) - "Counting Blessings Versus Burdens"

[7] Seligman, Steen, Park, e Peterson (2005) - "Positive Psychology Progress"

[8] Wood, Joseph, e Maltby (2008) - "Gratitude Predicts Psychological Well-being Above the Big Five Facets"

[9] Lambert et al. (2009) - "A Change of Heart: Cardiovascular Correlates of Gratitude and Forgiveness"

4.2 Il ritiro di silenzio - Dal diario di Roby

Quando è nata mia figlia avevo precisamente 30 anni, ed avevo fatto già molta esperienza come psicologo e conduttore di gruppi di bioenergetica, tecniche di rilassamento, respirazione e meditazione.

Un giorno mentre tornavo a casa dal mio studio di Orvieto, il Centro Mandàla per il Benessere Psico-Corporeo, ebbi una strana sensazione.

Un caro amico artista, orafo ed esperto in meditazione mi aveva parlato di un tale Maestro illuminato che lui seguiva già da qualche anno. Sarebbe da lì a poco venuto in Italia e avrebbe tenuto un "Silent Retreat" cioè un ritiro di silenzio tra le colline dell'Umbria, sul lago Trasimeno.

L'occasione era veramente ghiotta per un super curioso psiconauta come me!

Da quando avevo avviato il Centro Mandàla avevamo sperimentato veramente di tutto! Yoga di ogni tipo, Tai Chi, Capoeira, corsi di auto-shiatsu, meditazioni dinamiche, cristalloterapia, arte-terapia, danze tribali, musicoterapia, e la mia amata Bioenergetica, la tecnica di integrazione mente-corpo sviluppata dal grande Alexander Lowen.

Conducevo un gruppo ogni settimana e l'ho portato avanti per circa 15 anni, esplorando al suo interno tantissime tecniche e pratiche di varie tradizioni.

Non avevo però mai partecipato ad un vero e proprio ritiro di più giorni di meditazione e silenzio assoluto.

Così decido di iscrivermi e partecipare. Lo avrei fatto in forma ridotta perché mia figlia aveva solo 3 mesi e non volevo assentarmi per più di 4 giorni da casa. Parto da solo e arrivo in questo piccolo meraviglioso borgo umbro, con casali in pietra che conservano un'anima antica.

Mi stabilisco e conosco i miei colleghi di casale con cui avrei vissuto (in silenzio) nei giorni seguenti. C'era gente di tutto il mondo e di tutte le età.

In quei giorni ho vissuto un'esperienza molto profonda e intensa la cui essenza non è possibile esprimere a parole.

La cosa divertente è che dopo il primo Satsang, cioè il discorso del Maestro, è stato comandato il silenzio assoluto. Non si poteva parlare tra noi per nessuna ragione, ed era sconsigliato farlo anche per iscritto. Ovviamente non si potevano utilizzare cellulari, computer e dispositivi.

Incredibilmente, tutti rispettavano questa regola. E subito si è creata un'atmosfera molto strana, a tratti direi inquietante. Eppure dopo le prime ore, in seguito alle prime volte in cui ti dimentichi di non parlare e ti scappa qualche parole, man mano che ti abitui al silenzio... accade una profonda trasformazione interiore.

Ti posso dire ad esempio che mai avrei immaginato quante energie e calorie consumiamo ogni santo giorno per comunicare verbalmente con gli altri, per cercare di spiegarci, di farci comprendere e di capire cosa gli altri ci stanno dicendo.

Dopo un giorno che smetti di parlare, e lo fanno anche

le persone che vivono con te, tutto diventa più disteso, il tempo si dilata, perdi completamente la necessità di fare alcunché. E mi sono reso conto che in fin dei conti nella vita di tutti i giorni la nostra principale preoccupazione è proprio quella di comunicare con gli altri. E paradossalmente stiamo comunicando quasi sempre qualcosa di assolutamente superfluo e superficiale.

In quel silenzio ho trovato pienezza. Non c'era bisogno di dire nulla…neppure per mettersi d'accordo su chi doveva fare che cosa, tipo le faccende domestiche, la preparazione dei pasti, ecc… Bastava uno sguardo, un sorriso e ci si capiva. Credo che se si smettesse di parlare si svilupperebbe anche la telepatia, è possibile. Perché man mano che vai più a fondo dentro di te, diventi estremamente più sensibile e attento. I sensi ti si aprono. Inizi a gustare persino l'acqua che bevi!

Mi ricordo ancora il sapore di una tazza di tè, bevuta davanti a un tramonto. Eppure quante centinaia di volte lo avevo già fatto, senza mai prestare attenzione alle mie sensazioni, ma totalmente assorbito dal solito chiacchiericcio mentale?

La verità è che siamo continuamente nel "pilota automatico" cioè quello stato di coscienza chiamato anche "mindlessness". Hai presente quando stai guidando e ti ritrovi in un posto ma non sai come ci sei arrivato, perché nel frattempo stavi pensando ad altro? Ecco, di solito la nostra mente funziona in questo modo. La chiamiamo DMN, cioè Default Mode Network, una funzione attiva principalmente quando siamo in uno stato di riposo e non focalizzati su compiti esterni, spesso associata alla mente che vaga o sogna ad occhi aperti.

Per essere consapevoli e presenti occorre spostarsi in modalità Mindful, che implica una consapevolezza attiva e focalizzata del momento presente, coinvolge aree cerebrali leggermente diverse, tipicamente associate a una maggiore attenzione e regolazione delle emozioni.

Ecco, durante un simile ritiro di silenzio, dopo un po' inizia a rallentare anche il pensiero.

In primis rallenta il corpo ed è pazzesco il cambiamento corporeo che senti. Ad esempio la gola, che diventa inspiegabilmente più ampia, distesa, finalmente si rilassano dei muscoli che non hanno mai conosciuto riposo! E non è una cosa bella, lì per lì, ti assicuro! Perché il corpo accusa un arresto veramente anomalo a cui non eri abituato.

Non scorderò mai il livello di stanchezza fisica che ho provato in quei giorni! Eppure non facevamo assolutamente nulla se non meditare, danzare e riposare. Eppure, forse proprio a causa del riposo vero, era come se i miei muscoli fossero totalmente rilassati tanto da non reggere nessuna attività. Fare quattro passi mi pesava tantissimo. Ed ero in uno stato di progressiva ansia e beatitudine allo stesso tempo, perché da una parte nasceva un senso di pace, dall'altra la mente razionale si ribellava e creava dubbi e sensi di colpa.

Immaginati la scena.

Una sera, mentre eravamo nella sala ad aspettare l'arrivo del Maestro, tutto era silenzio intorno a noi. Circa un centinaio di persone vestite di bianco sedute in meditazione, la brezza del crepuscolo che muove le tende, qualche cicala, un frullare di ali di un uccello fuori. Cala la notte, ma il Maestro non si vede. Aspettiamo. E la meditazione si fa più profonda. Dentro di me inizia a crescere un po' di fastidio. "Ma questo tipo che fine ha fatto? Inizia anche a far freddo…" Dopo una buona mezz'ora eccolo che appare. Sembra Gesù con la barba e i capelli lunghi, una luce serena che arriva senza far rumore. Si siede sulla bella poltrona bianca con i fiori intorno. Si vede che è presente e allo stesso tempo non c'è. Non so come dirti, ma una persona che ha trasceso lo stato ordinario di coscienza è un paradosso vivente.

Comunque, non accade assolutamente nulla. Almeno all'esterno. Lui chiude gli occhi, entra in meditazione…e noi con lui. Tanto.. che altro puoi fare in quelle situazioni? Mi veniva voglia di alzarmi, urlare e mandarli tutti a quel paese…ma non l'ho fatto, forse per conformismo, forse perché non ne avevo la forza, o forse perché tutto sommato dentro e fuori di me c'era una pace deliziosa.

La meditazione è principalmente "osservazione". Quindi ho iniziato ad osservare quella rabbia, e più la osservavo senza giudicarla, più si dissolveva e non la trovavo più…

Insomma ad un certo punto il Maestro si alza e se ne va. Così, senza dire neanche una parola, senza rispondere come le altre sere alle nostre domande che gli scrivevamo sui bigliettini, niente di niente. Dopo un'intera giornata di silenzio, per giunta!

Così esco dalla sala, ognuno va nel suo casale e io me ne

vado a fare due passi per sbollentare la stizza e per godermi quella magnifica notte di fine estate.

Che poesia! La natura, i suoi odori, i suoni, la mente che si espande e lascia finalmente entrare ciò che è sempre stato là ma che mai ti ha toccato così profondamente.

Arrivo al cimitero, il piccolissimo cimitero del borgo antico. E lì mi fermo alla soglia del cancello socchiuso. Sbircio dentro e vedo solo qualche fiammella tra i fiori e le lapidi. Le tombe erano in terra, come si usava anticamente, quando i morti tornavano alla madre terra, come è giusto che sia.

Una paura mi gela il sangue. Ho paura. Un attimo Roby…ma "chi" ha paura in questo momento? Chi è questo "io" che prova la paura? Il Maestro sta parlando dentro di me…mi invita ad andare più a fondo. Che cos'è in fondo questa paura? E di cosa ho paura in questo momento? Respira… rilassa… osserva… la paura gradualmente scompare e lascia spazio ad una profonda accettazione. Anch'io sono morto come loro, a qualche livello. Anch'io sarò a breve nella terra, o peggio in qualche loculo di cemento. Quindi, sono io ciò che temo. Di cosa dovrei avere paura?

Entro nel cimitero, con dovuto rispetto e ascolto…non so per quanto tempo…finché non si dissolve totalmente la paura.

Ripenso a mia figlia appena nata, al senso di questo eterno nascere e morire. Ora ho compreso, e posso andare. Richiudo il cancello e ringrazio per questa esperienza.

4.3 Irene Bioenergetica - Momenti di svolta in terapia

Anche tu hai sperimentato la perdita del lavoro in seguito ad un licenziamento?

Per alcune persone è una semplice fase di passaggio, mentre per altre può rappresentare un profondo momento di crisi e trasformazione.

Irene ci teneva molto a fare bene il suo lavoro e si era identificata nel ruolo di impiegata nell'azienda che l'aveva assunta subito dopo l'uscita dalle scuole superiori.

Ma i cambiamenti economici avvenuti negli ultimi anni avevano costretto l'azienda a fare dei tagli sui dipendenti e un giorno Irene ha sentito con le sue orecchie le fatidiche parole che temeva di ascoltare: "sei licenziata".

In terapia arrivano persone di tutti i tipi e ogni storia è una storia a sé. Irene era arrivata letteralmente distrutta a livello emotivo da quell'evento. Non dormiva più, stava dimagrendo, non riusciva a mantenere la concentrazione e la lucidità era svanita. Per quanto suo marito la rassicurasse rispetto al denaro e cercasse di aiutarla a ritrovare la fiducia in se stessa, Irene si sentiva un vero straccio. Inoltre pensava continuamente di non meritarsi né un marito e né la figlia dodicenne che amava.

"Sono una fallita, questa è la verità!" Mi ha detto una volta. E ho capito che aveva dato parole ad un pensiero che ormai era diventato fisso nella sua mente.

Vedi, gli eventi esterni che ci accadono, di per sé significano veramente poco. Il loro impatto negativo su di noi deriva da come noi viviamo quegli eventi.

E ciò dipende in primis dalla nostra struttura caratteriale e dalla nostra mente, che è come un filtro che seleziona e interpreta le informazioni. Irene stava leggendo quell'evento solo ed esclusivamente in modo negativo e non riusciva minimamente a cogliere le sue potenzialità di miglioramento.

Era assolutamente inutile che il marito (o tutto lo stadio di San Siro in coro…) le ripetesse: "Ma su, vedrai che tutto si sistema, tu vai bene così, sei in gamba e troverai altro".

Se non ci credi TU, nessuno può farlo al posto tuo. E non prendiamoci in giro: la pura e semplice "forza di volontà" non serve assolutamente a nulla nel lungo periodo se non è supportata da un cambiamento emotivo. Irene, per quanto si sforzasse e per quanto sapesse razionalmente che il marito aveva ragione, stava male lo stesso!

Per fortuna esiste la psicoterapia.

Abbiamo esaminato la sua storia personale ed appurato che in infanzia le era mancata la figura di sostegno del padre. La madre inoltre era stata anch'essa poco presente e Irene aveva dovuto in qualche modo dimostrare di meritarsi l'amore.

Se prendeva qualche brutto voto a scuola, i suoi genitori involontariamente la facevano sentire sbagliata, inadeguata. Il suo profitto scolastico e il suo dover essere "brava" erano le condizioni di base perché loro le manifestassero attenzioni e affetto.

Così Irene, come tante persone, si era adeguata ed era

diventata la classica "brava figlia" che non può permettersi di dare una delusione o un dispiacere ai genitori. Nel frattempo sua madre era spesso triste e depressa, tanto che il medico le aveva prescritto dei farmaci. Irene non poteva permettersi di essere un ulteriore peso per lei. Quindi aveva imparato a non esprimere i suoi bisogni soprattutto quando questi avrebbero creato problemi in famiglia.

Il licenziamento era dunque stato un trigger, un detonatore che aveva fatto esplodere una bomba ad orologeria le cui origini derivavano da un lontano passato.

E' sempre così: ciò che ci accade oggi non ha potenziale emotivo solo perché ci sta accadendo adesso. Tutto ciò che in qualche modo ci tocca, ci fa star male e ci turba, sta toccando dei "nervi scoperti", sensazioni ed emozioni passate che non sono state totalmente rielaborate e sono diventate condizionamenti inconsci, che spesso non riusciamo più a vedere e riconoscere.

Irene ha fatto con me un percorso di Psicoterapia Psylife EMDR e nel frattempo ha iniziato a seguire il mio gruppo di bioenergetica e tecniche di rilassamento. Ha appreso molte tecniche di respirazione, meditazione e rilassamento grazie al corso online Relax Lab e ciò ha contribuito profondamente a ritrovare se stessa.

La sua rinascita interiore è avvenuta in breve tempo e adesso sta bene. Non è stato un percorso semplice e neppure lineare. Ci sono stati alti e bassi, perché spezzare le catene dei condizionamenti antichi richiede grande impegno e coraggio costante.

Allo stesso tempo, dal momento in cui Irene ha iniziato a stare meglio, non ha più smesso di crescere e di coltivare ogni giorno il suo benessere psico-fisico.

A volte dico che la crescita personale è un po' come lavarsi i denti. Una volta che hai appreso l'abitudine di farlo ogni giorno, quando non lo fai senti che ti manca qualcosa. Irene ci è riuscita. Dopo il corso di bioenergetica ha esplorato il Tai Chi e adesso si sta dedicando al Ki Gong.

Ogni giorno ascolta il mio audio per la meditazione in 7 step e questa pratica la aiuta tanto a mantenersi pulita e centrata.

Nel frattempo, guarda caso, ha trovato un altro lavoro e ora è felice. Ha moltiplicato per 20 il suo patrimonio perché guadagna molto di più e soprattutto è capace di proteggere e far crescere i suoi soldi.

Oggi non è più terrorizzata da un eventuale licenziamento e spesso dice: "Ho capito che posso farcela in ogni occasione, anche quando tutto crolla, io resto sempre in piedi e presente. Anzi divento più forte di prima".

4.4 LABORATORIO INTERIORE, ESERCIZI PER L'ANIMA

ESERCIZIO 6: L'ALCHIMIA QUOTIDIANA DELLA GRATITUDINE

Inizia e concludi ogni giornata con un rituale semplice, ma profondamente trasformativo, che non solo illumina i momenti bui, ma ti avvolge in un abbraccio di luce pura. Questo esercizio di gratitudine non è solo un atto di riconoscimento, ma un viaggio emozionale che ti riconnette alle infinite benedizioni della tua vita.

Al sorgere del sole, all'alba delle possibilità, quando il mondo ancora dorme e il silenzio avvolge ogni cosa, concediti un momento di quieta introspezione. Prendi carta e penna e lascia fluire i pensieri, scrivendo tre cose per cui provi gratitudine.

Questi momenti di riconoscenza possono riguardare qualsiasi aspetto della tua vita – dal lavoro che ti appassiona, agli affetti che colorano le tue giornate, fino alle piccole vittorie personali che spesso dimentichiamo di celebrare.

Questo non è solo un esercizio di scrittura, ma un invito a riscoprire e valorizzare ogni piccola gioia e ogni sfida superata.

Quando la sera avvolge il mondo in un abbraccio stellato e il frastuono della giornata si placa, ripeti questo sacro rituale. Prima di concederti al sonno, rifletti nuovamente e scrivi altre tre cose per cui sei grato, accogliendo questa volta le esperienze della giornata appena trascorsa.

Questa pratica serale non solo ti permette di chiudere la giornata con un senso di pace e appagamento, ma ti insegna a trovare bellezza e valore in ogni momento vissuto.

Dopo aver affidato i tuoi pensieri alla carta, posa le mani sul cuore, chiudi gli occhi e respira profondamente, facendo un gesto di puro amore. Con ogni battito, ripeti con convinzione e sentimento: "Sono grato per tutte le benedizioni che la vita mi dà".

Collegati all'energia di gratitudine e amore che sgorga da questa fonte antica. Senti il calore e lascia che si espanda in tutto il corpo e in tutto il tuo essere. Distendi la fronte, rilassa le spalle, assapora la bellezza del tuo respiro, lascia andare ogni pensiero e lasciati cullare solo dalla bellezza della gratitudine.

Questo gesto, semplice ma potente, ti invita a immergerti pienamente nelle emozioni evocate dalla gratitudine, permettendoti di vivere un momento di profonda connessione spirituale con te stesso e con l'universo.

Attraverso questo esercizio quotidiano, non solo apprenderai a riconoscere il valore in ogni aspetto della tua esistenza, ma trasformerai la gratitudine in una pratica viva, un ponte arcobaleno che collega il tuo essere più profondo con la magia dell'universo. Questo rituale diventerà una fonte di luce interiore, un faro che guida i tuoi passi anche nei giorni più bui, ricordandoti che, nonostante tutto, esiste sempre un motivo per essere grati.

CAPITOLO 5 - POTENZIARE LE RELAZIONI INTERPERSONALI - STRATEGIA N. 4

5.1 COLTIVARE RELAZIONI INTERPERSONALI PROFONDE

Hai mai vissuto un momento di solitudine negativa? Quando senti che non hai persone a cui chiedere un consiglio, che ti capiscono e ti aiutano, quando non hai nessuno con cui condividere la tua gioia, tutto perde di significato. Puoi essere pieno di soldi, nel posto più bello della terra, ma sentire un grande vuoto interiore se non hai al tuo fianco le persone giuste.

E forse è capitato anche a te di sentirti solo proprio nel bel mezzo della folla, in una discoteca rumorosa o in un centro commerciale. In questi luoghi c'è molta gente, ma non c'è una vera connessione tra le anime. Viceversa forse anche tu hai sperimentato momenti in cui eri solo, lontano da casa, eppure stavi bene perché nel tuo cuore e nella tua mente c'era una persona speciale, la cui presenza psicologica ti sosteneva, ti rendeva forte e dava un senso alle tue azioni.

Le relazioni positive, simili a un giardino fiorito dell'anima, necessitano di attenzioni e cure costanti per fiorire e arricchire la nostra vita. Queste relazioni, hanno il potere di migliorare l'autostima attraverso il sostegno emotivo e la validazione sociale. Sono dunque indispensabili tanto quanto il benessere individuale. Se Impariamo a star bene con noi stessi, staremo meglio anche con gli altri, e viceversa.
La tua autostima non dovrebbe dipendere da ciò che gli altri pensano di te, ma da ciò che tu pensi di te stesso. Allo stesso tempo è fondamentale circondarsi di persone che ci amano e ci sostengono, perché il loro sostegno andrà a rinforzare e validare la nostra autostima.
Eppure spesso non è facile creare e mantenere buone relazioni con gli altri. Se pensi alla tua famiglia, ai tuoi colleghi, ai tuoi amici sono certo che anche tu hai avuto o hai tuttora con qualcuno di loro qualche difficoltà di relazione. E' normale, perché siamo persone diverse, con bisogni e aspettative spesso contrastanti e cerchiamo di comunicare al meglio, ma spesso non ci riusciamo affatto.
Alcune emozioni come la rabbia sono in grado di distruggere le nostre relazioni, anche quelle più belle.

Ma cosa succede quando siamo arrabbiati? Normalmente tendiamo a fare due cose opposte, entrambe poco efficaci.

A volte ci viene di agire quell'emozione. Se sei arrabbiato, ad esempio, ti lasci andare allo sfogo, alzi la voce e lanci un pugno sul tavolo. Possono uscire dalla tua bocca parole aggressive o insulti verso l'altra persona. Se ci fai caso ce la prendiamo sempre con le persone a noi più vicine, magari tuo marito, tua moglie o i tuoi figli.

La reazione opposta è quella della soppressione dell'emozione. Facciamo finta di niente, ingoiamo il rospo e proviamo a non far trapelare il nostro disappunto. A è anche questa una strategia fallimentare, perché diciamoci la verità...per quanto puoi reggere? Prima o poi esploderai oppure ti sentirai deluso da quella persona e ti allontanerai, rovinando anche in questo caso la relazione.

Ma allora cosa possiamo fare quando ci sentiamo arrabbiati? Possiamo imboccare la via della consapevolezza, che è sicuramente più difficile ma anche la più efficace.

Possiamo imparare a fermarci e a fare come il salmone che risale la sorgente e va alla radice dell'emozione che stiamo provando. Fai una pausa riflessiva quando sperimenti un'emozione intensa. Prenditi un momento per fermarti e riflettere su cosa stai provando. Identifica l'emozione senza giudizio e cerca di capire le ragioni dietro di essa.

Non agirla, ma prenditi il tempo necessario per

conoscerla. Esplora pensieri e azioni positive che potresti intraprendere per affrontare la situazione.

Ti faccio un esempio: Luigi è arrabbiato con suo fratello, perché ha appena scoperto che ha giocato diecimila euro alle slot machine. Gli verrebbe di insultarlo e annientarlo verbalmente, anche perché sta creando un grande dispiacere ai loro genitori.

Però se si ferma e risale la sorgente delle emozioni può chiedersi: "cosa in particolare mi fa rabbia di questa storia?"

Andando a fondo, respirando e calmandosi potrebbe scoprire che la sua rabbia nasce dal fatto che teme che i suoi genitori soffrano troppo. Gli fa tristezza pensare a sua madre afflitta che piange. Quindi dietro la rabbia di Luigi, attenzione, c'è un'altra emozione: la tristezza. E a ben guardare dietro quella tristezza c'è altro. Perché Luigi ha paura che sua madre possa stare così male da peggiorare la sua salute e morire. Quindi prima della tristezza c'è la paura.

Se Luigi andasse più a fondo si chiederebbe da dove nasce quella paura. E la risposta sai qual è? Quella paura nasce dall'amore. Luigi ama sua madre, ama suo padre e suo fratello, per questo prova paura, tristezza e rabbia.

Ma pensa, fino a dieci minuti fa avrebbe ammazzato il fratello, e ora Luigi si rende conto di quanto ama profondamente queste persone, al punto di provare emozioni intense per loro.

A partire da questa consapevolezza Luigi potrà sciogliere la sua rabbia. Se c'è il buio in una stanza è inutile combattere contro l'oscurità, occorre accendere la luce, giusto? Quando c'è la rabbia è inutile cercare di reprimerla, occorre fare luce con l'amore e il perdono. Luigi si ricorderà che dietro la sua rabbia in realtà c'è l'amore per i suoi cari.

Altra competenza psicologica utilissima per far crescere le nostre relazioni è l'ascolto. L'arte dell'ascolto, in una società dove l'incessante rumore di fondo sembra sovrastare i nostri pensieri più intimi, diventa una bussola che ci orienta non solo verso la comprensione di noi stessi ma anche verso la costruzione di relazioni interpersonali autentiche e significative.

Un individuo dotato di autostima non si distingue per la sua bravura nello spiccare in mezzo agli altri, ma piuttosto per la sua capacità di ascoltare con empatia e di dialogare con sincerità. Ascoltare l'altro implica un profondo ascolto di sé, una sintonizzazione con quella "voce interiore" che ci guida verso la verità di chi siamo.

Madre Natura, donandoci due orecchie e una sola bocca, sembra suggerirci l'importanza di ascoltare il doppio di quanto parliamo. Eppure, nella frenesia quotidiana, tendiamo a dimenticare questo equilibrio, soprattutto quando la scarsa autostima ci spinge a sovrastare il dialogo interiore o quello con gli altri con il rumore delle nostre insicurezze.

A volte tentiamo di sovrapporre le nostre parole a quelle altrui, prepariamo risposte ancor prima di aver pienamente compreso, ma in questo modo ci allontaniamo dal vero contatto con l'altro.

Autori e psicologi di rilievo, come Carl R. Rogers e John Gottman, hanno sottolineato l'importanza delle relazioni positive per il benessere psicologico. Rogers, con la sua teoria della terapia centrata sul cliente, enfatizza il valore dell'ascolto empatico e non giudicante come fondamento per una crescita personale e interpersonale. Gottman, attraverso i suoi studi sulle relazioni di coppia, ha identificato la comunicazione efficace e l'ascolto attivo come elementi chiave per costruire legami duraturi e soddisfacenti. Questi approcci confermano scientificamente che coltivare relazioni positive, basate su un autentico scambio comunicativo, contribuisce a rafforzare l'autostima.

Impariamo ad ascoltare, non solo con le orecchie ma col cuore!

Facciamo domande aperte, ascoltiamo senza giudicare e ricordiamoci di includere sempre la dimensione emotiva nella comunicazione. In questo modo avviamo una trasformazione interiore che arricchisce le nostre interazioni e ci permette di connetterci a un livello più profondo con gli altri. Possiamo avvicinarci all'altro con curiosità e apertura, promuovendo un dialogo che nutre l'anima e rafforza i legami.

Ascoltiamo con attenzione le parole, ma anche i silenzi e le emozioni non espresse. Sintonizziamoci sulle nostre sensazioni e sulle nostre emozioni, permettendoci di essere presenti non solo fisicamente, ma con tutto il nostro essere. In questo modo, le relazioni interpersonali diventano uno specchio in cui la nostra autostima può riflettersi e crescere, illuminata dalla consapevolezza che ogni incontro, ogni scambio, è un'opportunità per arricchirci e per contribuire alla crescita altrui.

Del resto pensaci: qual è il miglior regalo che una persona può farti, se non la sua presenza e attenzione totale? Di conseguenza è anche il regalo migliore che tu possa fare a coloro che ami, vero?

5.2 UN MATERANO A ORVIETO - DAL DIARIO DI ROBY

Avevo 26 anni quando ho lasciato Roma per trasferirmi ad Orvieto. A parte la mia ragazza di allora che venne con me, non conoscevo nessuno nel nuovo paese di residenza. Era una bella sfida ricominciare ancora una volta daccapo.

I primi momenti sono stati abbastanza impegnativi perché quando non hai nessun tipo di legame e conoscenza con la gente del posto è tutto così libero e possibile, allo stesso tempo ci sono momenti in cui ti senti solo.

Mi sono subito resto conto che, seppure tra le due città corresse solo un'ora di treno, erano di fatto due mondi molto diversi.

A volte si parla di "cultura" per indicare impropriamente il livello di istruzione. Ma la cultura, come ben sapevo dagli studi di antropologia, riguarda l'insieme delle regole non scritte, dei valori e delle concezioni sottese al vivere sociale. Ad esempio, vai al bar con gli amici e si "litiga" per chi deve pagare perché tutti hanno piacere di offrire (o almeno così sembra). Ero abituato a queste scenette a Matera e credevo che fosse la norma. Invece mi sono reso conto che non era sempre così e che… come si suol dire "paese che vai, usanze che trovi".

Per restare in tema "caffè"…al sud è abbastanza frequente invitare a casa amici e conoscenti per prendere il caffè insieme. Anche in questo caso mi sono dovuto ricredere: ciò che avevo vissuto era solo uno dei tanti modi di essere al mondo.

Quindi nei primi periodi del mio soggiorno ad Orvieto mi sono sentito un po' spiazzato da usanze culturali diverse sia da Matera che da Roma. Per abituarmi al nuovo sostrato culturale ci ho messo un po' di tempo e a volte avevo la sensazione che qualcosa mi stava sfuggendo di mano.

Una piccola strategia che ho usato per capire usi e costumi del luogo è stato trascorre del tempo e dialogare con le mie anziane vicine che prendevano il fresco sulle panchine del cortile nelle sere d'estate: una sorta di antropologo di vicinato, diciamo. Loro mi hanno spiegato come funzionava a livello sociale lì, quello che la gente si aspettava e come ci si doveva comportare in alcune occasioni particolari.

Per estendere le mie reti sociali ho cercato di conoscere persone nei contesti più diversi. Sono partito da quelli più vicini a me, organizzando seminari e incontri di psicologia nelle scuole, mi sono unito a gruppi escursionistici, ho ripreso a praticare sport e frequentare dei corsi di yoga ed espressione corporea. Pian piano ho avuto modo di fare amicizie e conoscenze. Alcune di queste sono nate in maniera del tutto casuale. Altre sono sbocciate grazie ad amici in comune. Del resto…amico porta amico. E' come iniziare a coltivare un giardino: ad un certo punto diventa qualcosa di quasi automatico che segue il suo corso.

Sono molto grato soprattutto ad alcune persone che in quegli anni mi hanno accolto e mi hanno presentato tante altre persone che poi sono diventati amici.

Credo sia un'esperienza importante cambiare città e trasferirsi in un posto nuovo. In questo modo avremmo molta meno chiusura per gli "stranieri" perché abbiamo vissuto sulla nostra pelle cosa vuol dire comprendere e adeguarsi ad una cultura diversa e ricreare da zero una rete sociale.

Oggi quando viaggio da solo in nuovi posti non ho particolari difficoltà a fare nuove conoscenze e questa competenza mi rende sereno. Sai che puoi andare ovunque, ci sarà sempre qualche nuovo amico pronto ad accoglierti e a condividere dei momenti con te! E' come sentirsi sempre a casa!

Una cosa importantissima è l'atteggiamento mentale che adotti quando ti avvicini agli altri. Se pensi che siano già tuoi amici, il gioco diventa molto più semplice. Se invece pensi "chissà cosa pensano di me, magari che sono uno sfigato perché sono solo" allora questo messaggio passa a livello non verbale e avrai la conferma che nessuno vuole stare con te.

Quando mi chiedono: "come sono le persone ad Orvieto?" Rispondo: "Come in ogni parte del mondo: mediamente riflettono quello che abbiamo dentro noi che le osserviamo!"

Viaggiare da soli è un ottimo esercizio per sviluppare anche competenze sociali. Saper rompere il ghiaccio, superare la timidezza che ti farebbe chiudere in te stesso, sapere "attaccare bottone", capire di chi puoi fidarti e fino a che punto, riuscire a creare e mantenere dei legami, sono tutte cose che si possono imparare e allenare solo sul campo.

A volte penso che ognuno di noi dovrebbe cambiare città, nazione, continente, più volte nel corso della vita, per relativizzare ciò che diamo per scontato e per metterci alla prova. Non dico che dovrebbe essere obbligatorio, ma sono certo che il razzismo a quel punto scomparirebbe del tutto.

Come tutte le competenze, anche la capacità di socializzare si perde se non la alleni.

Per questo a volte mi impongo di uscire dagli schemi e non voglio restare sempre con le stesse persone, perché so che alla lunga ci si adagia in una pericolosa zona di comfort.

Viceversa è bello aprirsi agli altri, parlare con nuove persone, incuriosirsi rispetto ad altre culture, come quando vado a comprare frutta e verdura e i ragazzi libanesi sono lieti di rispondere alle mie domande sul Corano, sulla musica che ascoltano, sulla loro lingua, sui loro usi e sui loro sogni.

Per creare buone relazioni possiamo coltivare in primis

la nostra curiosità e la nostra umiltà, senza dare per scontato che ciò che noi sappiamo sia vero anche per gli altri.

Buona esplorazione!

5.3 Martina cammina- Momenti di svolta in terapia

In fondo siamo tutti nomadi.

Piccole formiche in rapido spostamento sulla terra, e come diceva lo scrittore Bruce Chatwin "quando le gambe si fermano, si ferma anche il cuore".

Martina era diventata alquanto sedentaria. Diciamo che lo era sempre stata e si definiva "pigra".

Ora se tu venissi in terapia da me sapresti che sulla mia scrivania ho una campanella zen. La suono ogni volta che un mio cliente è in auto-ipnosi, per dargli la possibilità di svegliarsi.

Ad esempio quando qualcuno dice "sono sempre così pigro…infatti faccio fatica ad alzarmi dal letto" io suono la campanella e gli faccio notare che quel modo di parlare non fa altro che peggiorare le cose. Infatti, se sei convinto della premessa (sono pigro), derivano i comportamenti (non mi alzo dal letto), in un circolo vizioso che diventa difficile interrompere.

Con Martina ero sempre lì a percuotere la campanella, come se non ci fosse un domani. Dong, dong, dong… per quanto erano radicate le sue credenze, mi si stava consumando la campanella!

Quando ti definisci in maniera rigida sei nei guai e a me tocca suonare la campanella per svegliarti!
"Sono pigra", "non sono capace" "non ce la farò mai", "non sono quel tipo di persona", "non posso"….sono frasi che dimostrano solo una cosa: le uniche ganasce che abbiamo sono quelle mentali!

Martina stava faticosamente uscendo da una relazione molto tossica col suo ex compagno dai forti tratti narcisistici. Non è facile in questi casi. Perché sei totalmente distrutta da comportamenti manipolativi e ti senti terribilmente in colpa, l'autostima è sotto le scarpe e ti sembra che il mondo sia finito.[10]

Comunque Martina stava migliorando notevolmente. Grazie alla terapia Psylife e in particolare grazie a EMDR, Bioenergetica e Tecniche di crescita personale si stava progressivamente liberando da quel pesante passato per recuperare la sua vitalità.

In questo processo di rinascita è stato fondamentale per Martina riprendere una vecchia passione: l'escursionismo. Si è iscritta ad un'associazione sportiva e ha conosciuto molte persone.
Mi ha detto: "All'inizio è stata dura sia fisicamente che a

---

[10] Per approfondire il tema della manipolazione e dell'abuso narcisistico leggi Narcisismo Liberi Per Sempre (Ausilio, 2023)

livello sociale. Mi sentivo timida e pensavo che non mi avrebbero accettata. Poi ho vinto l'inerzia iniziale e ho capito che erano persone molto carine, che come me amano la natura, il movimento e credono nell'amicizia. Ci siamo divertiti moltissimo a esplorare i dintorni e abbiamo fatto tante gite fuori porta nei weekend. Oggi non vedo l'ora di camminare con i miei amici e si è creato un bel gruppo, dove si scherza si ride, si cammina e soprattutto…si mangia! Però Roby sai che ti dico? Meglio qualche kg in più ed essere felice con gli altri che essere magra ma sola come un cane!"

5.4 LABORATORIO INTERIORE, ESERCIZI PER L'ANIMA

ESERCIZIO 7 - FIORIRE NELLE RELAZIONI INTERPERSONALI ATTRAVERSO GLI HOBBY

Nel giardino della vita, le relazioni interpersonali sono i fiori che richiedono cura e attenzione per sbocciare. Il tempo libero, che spesso trascuriamo e riempiamo di inutili ore sui social, offre un terreno fertile per seminare i semi di relazioni positive e durature. Qui di seguito ti suggerisco alcune attività ed esercizi pratici per innaffiare queste piante preziose e vederle crescere in tutta la loro bellezza:

- **Partecipazione attiva a gruppi di interesse:** Individua club o gruppi locali che riflettano i tuoi interessi, che si tratti di danza, come il tango, sport, club del libro, cori, o gruppi di fotografia. L'importante è scegliere attività che risveglino la tua passione e ti spingano naturalmente verso l'interazione con gli altri.

- **Organizza eventi di gruppo legati agli hobby:** Sii proattivo/a e organizza eventi o incontri legati agli hobby che ami. Che si tratti di una serata di giochi da tavolo, di una sessione di lettura condivisa o di un torneo amichevole dello sport che pratichi, l'organizzazione di questi eventi creerà opportunità per approfondire le conoscenze reciproche e rafforzare i legami.

- **Laboratori e corsi di Formazione:** Iscriviti a laboratori o corsi che non solo ti permettano di approfondire le tue abilità in un determinato hobby, ma che offrano anche l'opportunità di lavorare in gruppo. L'apprendimento condiviso e il raggiungimento di obiettivi comuni favoriscono un senso di comunità e appartenenza.

- **Volontariato su base di interessi comuni:** Impegnati in attività di volontariato che riflettano i tuoi interessi personali. Questo non solo contribuirà a una causa meritevole, ma ti metterà anche in contatto con individui che condividono i tuoi valori e passioni, gettando le basi per relazioni profonde e significative.

- **Sfide e Obiettivi di Gruppo:** Stabilisci obiettivi o sfide collettive legate al tuo hobby o interesse. Ad esempio, se il tango ti appassiona, potresti puntare a esibirvi insieme in un evento locale. Lavorare verso un obiettivo comune rafforza la coesione di gruppo e la connessione emotiva tra i suoi membri.

Attraverso questi esercizi, non solo esplorerai e coltiverai i tuoi interessi, ma aprirai anche porte a relazioni interpersonali ricche e soddisfacenti. L'investimento nel tempo libero diventa così una pratica per far fiorire il tuo giardino sociale, dove ogni nuova attività è un seme da cui può germogliare un'amicizia o una collaborazione fruttuosa.

Ricorda: ogni passo verso la condivisione dei tuoi interessi è un passo verso la scoperta di affinità nascoste e legami indissolubili.

CAPITOLO 6 - INTELLIGENZA EMOTIVA E REGOLAZIONE EMOTIVA - STRATEGIA N. 5

Ciò che ci sta alle spalle e ciò che ci sta di fronte,
sono ben poca cosa rispetto
a ciò che è dentro di noi.
Ralph Waldo Emerson

6.1 COMPRENDERE E GESTIRE LE EMOZIONI. L'INTELLIGENZA EMOTIVA

La parola entusiasmo ha un'origine affascinante, perché deriva dal greco "enthousiasmos", che significa letteralmente "avere un dio dentro". Bello vero?

L'entusiasmo è la stupenda qualità di sentire trasporto, di lasciarsi guidare dal fuoco interiore, da questo Dio che hai dentro di te e che ti collega con tutto il resto dell'Universo.

Essere in presenza di una persona entusiasta è

contagioso: la sua energia positiva può ad esempio alleviare un mal di testa, grazie al suo potenziale curativo.

Per questo è indispensabile nella nostra vita ricercare e sviluppare l'entusiasmo dedicandoci a ciò che amiamo, cercando sempre di apprezzare gli aspetti divertenti, piacevoli e utili delle nostre attività.

Chiediamoci il significato di ciò che facciamo: "Qual è il senso, il fine di tutto ciò?"

Alcuni illustri autori come Victor Frankl, psicologo sopravvissuto ai campi di concentramento, o Roberto Assagioli, pioniere della psicosintesi, hanno esplorato il concetto teleologico di vita, ovvero la ricerca di un fine ultimo.

Esistono alcune domande che sembrano banali, come "Qual è il fine ultimo della mia vita?", "A che serve fare ciò che sto facendo?", sono in realtà fondamentali: comprendere il motivo ultimo per cui viviamo è cruciale per una vita soddisfacente.

Frankl ha trovato un significato persino nell'orrore dei campi di concentramento, e questa ricerca gli ha permesso di sopravvivere. Coloro che hanno perso il senso della vita, al contrario, hanno ceduto alla disperazione.

Frankl ha tratto forza dal suo desiderio di aiutare gli altri, usando la sua posizione di medico per assistere i compagni di prigionia. La sua missione era sopravvivere per poter condividere le sue scoperte sull'essere umano e sulla resistenza spirituale in condizioni estreme.

Il grandissimo filosofo Nietzsche ha detto: "Chi ha un perché abbastanza forte, può superare qualsiasi come". Ciò significa che paradossalmente ciò che muove la nostra motivazione non è solo l'interesse dell'ego, ma per compiere grandi imprese occorre trovare e connetterci al senso di ciò che stiamo facendo, al perché. Facciamo un passo indietro e parliamo di emozioni. Cosa sono le emozioni? Sono normali reazioni fisiologiche e psicologiche a stimoli esterni o interni. Le emozioni di base secondo Paul Ekman sono: gioia, rabbia, paura, tristezza, disgusto, sorpresa. Poi ci sono emozioni complesse che derivano dal mescolarsi delle precedenti.

L'emozione in generale è qualcosa di estremamente utile e funzionale alla nostra vita. La rabbia, ad esempio, non è di per sé un'emozione negativa che va soppressa. Perché ci serve, nella sua accezione positiva, a prendere ciò di cui abbiamo bisogno e ripristinare i confini. Ad esempio, se ti avvicini ad un cane che sta rosicchiando un osso e provi a toglierlo dalla sua bocca, che succede? Ringhia, abbaia e forse morde. In questo caso la sua reazione di rabbia è utile per mantenere i confini e per continuare a mangiare. Il problema dell'essere umano è che prova rabbia non solo quando qualcuno "gli toglie l'osso di bocca", ma è in grado di alimentare quella rabbia all'infinito nel tempo a causa del rimuginio mentale e tornando coi pensieri sempre sullo stesso argomento.

Le emozioni sono utili.

Sono come delle bussole che ci orientano nella vita. Se

ad esempio sei con il tuo partner e sperimenti continuamente emozioni di rabbia, tristezza, disgusto, ecc.

Forse queste emozioni ti stanno dicendo qualcosa di importante. Magari c'è qualcosa da chiarire o risolvere in questa relazione. Il punto è che spesso facciamo finta che le nostre emozioni non ci siano, tendiamo ad ignorarle. Ad esempio ti insegnano da piccolo a "non essere arrabbiato". Ma che vuol dire? La rabbia, come tutte le emozioni non si può comandare nel suo insorgere, lei si manifesta e basta! Ciò che possiamo imparare (e che dobbiamo fare se vogliamo vivere bene) è canalizzare quella energia in modo costruttivo.

Ti faccio un esempio. Se sei arrabbiata con tuo marito e gli urli contro oppure gli lanci uno schiaffo, è molto diverso dal dirgli: "Ascolta, sono molto arrabbiata con te in questo momento. Potrei dire o fare cose di cui mi pentirei. Per favore parliamone più tardi, vado a fare una corsa per scaricare questa rabbia e calmarmi".

Una persona adulta ed evoluta è una persona responsabile delle sue azioni. La parola responsabile è bellissima. Deriva da "respons-abile" cioè "capace di dare una risposta". Una risposta a cosa? Anche alle proprie emozioni.

Non è l'altro che "ti fa arrabbiare". L'altro non può farti proprio nulla. Sei tu che provi rabbia attraverso l'altro, grazie all'altro.

Quando sperimenti un'emozione intensa, è utile prenderti un momento per riflettere. Identificare l'emozione senza giudicarla e comprendere le sue cause può evitarci reazioni impulsive di cui potremmo pentirci. Come insegnato da grandi figure spirituali e confermato dalla pratica della meditazione, diventare consapevoli delle nostre emozioni ci permette di dissiparle, trasformandole in qualcosa di diverso. Del resto sai quanto dura normalmente un'emozione? Pochi secondi, a limite qualche minuto. Ma noi siamo abilissimi nel tenerle in vita a volte per anni, alimentando rabbia, rancore e tristezza.

Esplorare pensieri e azioni positive per affrontare le varie situazioni migliora la regolazione emotiva, la comprensione di sé e la capacità di rispondere costruttivamente agli stimoli esterni. Questo processo è fondamentale non solo nelle relazioni personali, ma in tutti gli aspetti della vita.

Ricorda: meno una persona è evoluta psicologicamente e più sarà reattiva. Le emozioni saranno subito agite in maniera impulsiva, o al contrario saranno represse e non avranno sbocco. Una persona evoluta invece è colei che conosce e ri-conosce le emozioni quando insorgono, e sa "respirarci dentro" prendendosi il tempo di decidere se e come agire.

La mindfulness, la respirazione consapevole e le tecniche di rilassamento possono creare una pausa benefica tra lo stimolo e la nostra reazione.

Ti consiglio di metterti in cammino oggi stesso.[11]

Riconoscere e accogliere le nostre emozioni, come la

---

[11] Con i 35 esercizi che trovi nel mio corso Relax Lab (www.psylife.it) potrai migliorare tantissimo la tua serenità e la regolazione emotiva

rabbia, ti permette di diventare consapevole delle loro vere cause, spesso rivelando che la percezione di essere stati offesi non è sempre giustificata.

Non prendere nulla sul personale! Se uno ti pesta un piede, sicuramente lo avrebbe pestato anche ad un altro se fosse stato lì al posto tuo. Se tua moglie si arrabbia e fa una sfuriata, credimi lo avrebbe fatto anche se ci fosse stato Mario anziché Giovanni. Perché le azioni degli altri rivelano qualcosa su se stesse, non su di te. Ognuno di noi deve prendere in mano la propria vita e rendersi 100% responsabile del proprio cammino.

Questo approccio ci aiuta a evitare conflitti inutili, preservando la nostra autostima e le nostre relazioni.

E non dimenticare di chiedere "scusa" con il cuore quando ti rendi conto di aver fatto un errore! Perché sbagliare è umano e saper ammetterlo fa di te una grande persona!

6.2 Lacrime in vetta - Dal diario di Roby

L'alpinismo e l'arrampicata, a differenza di quello che comunemente si crede, sono attività in cui è richiesta grande prudenza e che nulla hanno a che fare con la "pazzia", la temerarietà e la spericolatezza.

Quando ho seguito il corso di Alpinismo su Roccia non avrei mai pensato di poter scalare le Torri del Vajolet in Dolomiti.

Se non sai di cosa sto parlando, fai un giro su internet e vedrai questi incredibili tre pinnacoli di roccia nuda affiancati l'uno all'altro che svettano verso il cielo blu in alta montagna.

Il corso prevedeva inizialmente una serie di prove di falesia, cioè delle "palestre" su pareti di roccia già attrezzate, a cui ero già abituato. Ma andare in ambiente montano è un'altra storia! La montagna ti "mette giudizio" e hai sempre la netta sensazione che sei un piccolo microbo in quell'ambiente così vasto, maestoso, tremendo nella sua bellezza e nella sua intrinseca pericolosità.

Un fascino magnetico mi attirava in quei luoghi. Così partiamo alle volte del Catinaccio e il secondo giorno di training, dopo qualche ora di cammino con zaini, corde materiali di arrampicata e il necessario per la notte arriviamo al Rifugio, proprio sotto le torri. Dopo quella gran sudata su terreni scoscesi, la vista delle torri ti ripaga immediatamente di tutte le fatiche.

Non so spiegare bene quell'apertura del cuore, il petto che si espande e la commozione della bellezza della natura nel suo magnifico cambiamento continuo di forme, nuvole e colori…alcune cose vanno solo vissute, non si possono spiegare.

Dentro di me c'erano mille emozioni in un gran frullatore. Oltre all'esperienza estetica, c'era anche una bella dose di "strizza".

"Mi vuoi dire che noi domattina saliremo lì sopra??" Sentivo rimbombare nella mia testa la voce di mia madre: "Roberto ma sei pazzo? Ti sta chiamando la morte? Non farlo! Torna indietro! Sei ancora in tempo per salvarti la vita!"
Mi ricordo che quella notte per dormire ho utilizzato tutte le tecniche di rilassamento e autoipnosi che conoscevo! Per fortuna hanno funzionato e nonostante il fragoroso russare nella camerata degli altri alpinisti, mi sono focalizzato sul respiro, sul rilassamento e sulla fortuna di essere lì in quel momento. Stavo per fare un'esperienza profondamente trasformativa e lo sentivo.

Il mattino seguente il cielo era limpido, la giornata perfetta! Questo per un alpinista è meglio che vincere al Bingo! Almeno per quel giorno non avremmo dovuto combattere con nebbia, vento, pioggia ecc.
Così dopo una veloce colazione, controlliamo i materiali e partiamo per l'attacco della via.
In alpinismo non ci sono cartelli e segnaletica. Ciò significa che devi trovare tu la via di salita! E già questo rappresenta il primo step dell'avventura. Per fortuna ero con gente esperta, anche se più di una volta anche loro

non sapevano affatto dove andare, si perdevano, tornavano sui loro passi verticali.

Così già all'inizio della via ci sono state discussioni tra gli istruttori su quale fosse in realtà l'itinerario giusto in base ai foglietti che ti porti dietro e che si chiamano "relazioni". Immagina che lì c'è scritto: "attaccare verticali il primo pilastro di fianco ad un evidente camino (dove sarà?) Per poi traversare a destra per circa 15 metri, facendo attenzione ai sassi mobili in quel punto. Alla forcella non seguire a sinistra come sembrerebbe logico, ma restare leggermente a destra…"
"Cominciamo bene!" Pensavo. "Sono fritto!" Ma quando si è in ballo bisogna ballare, giusto? Caschetto, imbrago, corde, moschettoni, zaino (perché tutto il giorno arrampichi sul verticale con lo zaino, tra l'altro) si va!
Ad un certo punto, mentre faccio sicura sul secondo tiro, il mio compagno di cordata e istruttore stava scalando quello che si chiama "traverso".

Nel traverso non arrampichi in verticale ma in orizzontale per spostarti verso un punto da cui poi è più agevole salire. Questi traversi sono un po' un casino, perché l'altro non lo vedi più, e se cadi in quel punto fai un pericoloso "pendolo".
Così mi sono ritrovato là da solo attaccato ad un moschettone sulla roccia, con la corda in mano, in apprensione per lui, che non vedevo e non sentivo più a causa del vento e della conformazione della montagna. "Andiamo bene! E ora che faccio?" La corda che tenevo

si tendeva e si allentava, ma l'amico non rispondeva alle mie urla…poi scoprirò che era lui che cercava di darmi il segnale di partire.

Insomma dopo un po' che ero là impalato decido di partire…avevo il cuore in gola perché non sapevo se lui era arrivato in sosta (cioè al punto di ancoraggio successivo) e se mi poteva "recuperare" cioè riavvolgere la corda in modo da "proteggere" un'eventuale mia caduta, e se non ci pensavo era meglio.

Se cadi in quelle occasioni ti puoi fare molto male. Lo sapevo benissimo. Per questo la tua mente spegne totalmente tutti i pensieri e per una volta sei nel presente assoluto. Non esistono né altri problemi, né bollette da pagare, traumi passati, piani per il futuro, niente di niente. Sei solo lì a cercare di mettere bene le mani e i piedi, respirare e mantenere la calma. Il controllo delle emozioni deve essere totale. "Qui e ora, vai Roby, vai Roby!"…mi ripetevo solo queste parole.

Per fortuna arrivo sano e salvo alla sosta dove mi aspettava il mio compagno di cordata alquanto alterato: "Perché non partivi? Strattonavo la corda per darti il segnale!!" Inesperienza più strizza…caro mio.

Nel frattempo passa un'altra cordata vicino a noi, sempre del corso di alpinismo, e un istruttore dice: "C'è una ragazza in difficoltà che ha paura, ha detto che vuole scendere…" e aggiunge ridendo: "Ma mica siamo alle giostre che puoi scendere quando vuoi!"
Allora realizzo che una volta intrapresa la via, bisogna

quasi sempre arrivare in vetta, perché non si scende da dove si è saliti e una discesa di emergenza potrebbe essere molto pericolosa.

"Non ci pensare Roby" mi ripeto, "focalizzati sul respiro, sull'arrampicata e sulla bellezza del momento". Soprattutto sulla prima, perché se guardavo troppo intorno e in basso, un senso di vertigine paurosa si impossessava di me. Ad un certo punto noto una cosa incredibile: i gracchi, gli uccelli neri alpini, volteggiavano non più sopra la mia testa…ma sotto i miei piedi, giù nel baratro. Quanto siamo saliti!

Intravedo il rifugio da cui eravamo partiti che ora appariva minuscolo, le persone intorno erano formiche e intorno a me a perdita d'occhio, un mare di roccia e cielo, il regno mitico del giardino delle rose pietrificato nella leggenda del Catinaccio Rosengarten: stupendo!

Dopo svariati tiri (e non di sigaretta ma di arrampicata) la montagna si assottiglia sempre di più, l'arrampicata si fa ancora più aerea ed esposta, ma sono felice perché ormai ci siamo…siamo quasi in vetta.

Appena metto piede lì sù e raggiungo il mio compagno, in uno spazio, immaginati, di circa due metri quadrati con il vuoto assoluto intorno, il mio cuore scoppia letteralmente di gioia.

Inizio a piangere e singhiozzare e non so bene perché. E' un'emozione irruente come un fiume, di lacrime, riso, paura, gioia, fierezza, autostima, adrenalina e scarico di tensione.

Ci abbracciamo e anche Mirco si commuove. In vetta ci

si stringe la mano, ci si congratula a vicenda, ci si sente vicini a vari livelli.

Lui mi indica le catene montuose, nominandole, e ricordando le sue innumerevoli scalate. Sono gonfio di luce, gioia e orgoglioso di me. Ma so benissimo che non posso dare sfogo a tutti questi sentimenti perché c'è un piccolo importante dettaglio: bisogna scendere e di fatto la vetta è solo metà del percorso. Inoltre la discesa, calandosi con le corde nel vuoto è spesso molto più pericolosa della salita, come ci avevano spiegato al corso. Si riparte, ma quel momento resterà per sempre impresso nel mio cuore.

Scoprirò più tardi che un altro amico aveva scattato una foto dalla sua posizione sulla vetta di fianco alla nostra. Quella foto che ci ritrae in vetta alla Torre Winkler è diventata la copertina del mio libro "Psicoterapia Amica" e rappresenta simbolicamente la possibilità di accettare e superare i nostri limiti, restando sempre in contatto con tutte le nostre emozioni.

Ricorda: anche se non lo sapevi, adesso lo sai…tu eri con me in vetta in quel momento magico.

E torneremo ancora lassù. Anzi ti prometto che saremo insieme su vette molto, molto più alte. Perché tu puoi realizzare te stesso, e io credo profondamente in te!

Sei pronta, sei pronto? Si parte!

6.3 Luca, da pentola a pressione a leader carismatico - Momenti di svolta in terapia

Luca non ce la faceva più. Era dirigente nell'azienda familiare e non reggeva più lo stress e la pressione dei mille impegni, scadenze e rapporti umani con personale, fornitori, clienti.

Quando qualcosa andava storto, quindi ogni giorno, perdeva la pazienza e andava in escandescenza. Non riusciva a gestire la rabbia, urlava contro le persone vicine, a volte spaccava qualche oggetto, come la stampante che aveva gettato dalla finestra qualche giorno prima del nostro incontro.

Sentiva una grande pressione addosso e come molti imprenditori avvertiva la responsabilità di avere sotto di sé tante persone con le relative famiglie che dipendevano dall'andamento della sua azienda.

Era già stato in terapia altre due volte e come tanti altri clienti prima di rivolgersi a noi, non aveva risolto nulla.

Il terapeuta precedente non faceva altro che dirgli di stare calmo, gli insegnava il training autogeno e altre tecniche di rilassamento, gli dava consigli e soprattutto voleva che lui andasse in studio almeno una volta a settimana. Per tre anni.

Quando sento queste storie (e credimi le sento quasi ogni giorno) mi girano le palle, passami il termine che rende bene. Perché non è possibile a mio avviso tenere la gente ferma nei propri problemi senza realmente aiutarla a fare un click e sbloccarsi definitivamente. Pretendere di continuare a credere in una terapia palesemente inutile e addossare al paziente le colpe dell'insuccesso!? Basta così! Quando invece la Psicoterapia Vera funziona in poche sedute, è definitiva e ti fa risparmiare decine, anzi centinaia di migliaia di euro !

Perché i problemi psicologici, se non risolti possono creare tantissimi problemi anche a livello relazionale, familiare, fiscale, economico, facendoti perdere opportunità lavorative e impedendoti di realizzarti anche economicamente. In altre parole stai diventando sempre più povero e miserabile, non solo a livello fisico ed emotivo, ma anche finanziario!

Nel caso di Luca, la sua mala gestione delle emozioni dove lo stava portando?

"Temo che se continuo così nessuno vorrà più lavorare con me. Stiamo perdendo clienti, anche i fornitori non hanno più voglia di lavorare con me. I miei dipendenti sono sempre in allerta, si aspettano le mie sfuriate e tendono a compiacermi. Ma appena giro la testa, tornano a fare i fatti loro, senza curarsi del lavoro. Qualcuno si è già licenziato. Mia moglie mi dice che sono intrattabile. Nessuno mi capisce! Non si rendono conto che io li rimprovero per il loro bene, se non lo facessi le cose andrebbero a rotoli. A volte penso che dovrebbero ringraziarmi, perché ci tengo all'azienda. Però mi rendo anche conto che continuando così finirò per distruggere me stesso e tutte le relazioni a cui tengo di più. Roberto puoi aiutarmi?"

A me piace molto lavorare con gli imprenditori, perché anch'io lo sono e capisco molte loro dinamiche interne e organizzative. Per questo con Luca ci siamo sentiti subito in sintonia e ho avuto subito l'impressione che questa sarebbe stata la terapia di svolta: avrebbe funzionato alla grande.

Abbiamo innanzitutto definito bene i nostri obiettivi, e ci siamo dati dei tempi. In questo Luca è un drago, perché gli ho dato la possibilità di calare nel contesto della sua crescita personale i metodi imprenditoriali che già conosceva. Ci siamo dati obiettivi SMART, cioè specifici, misurabili, ambiziosi, raggiungibili e definiti nel tempo.

Questo non lo aveva mai fatto nelle precedenti terapie e invece è stato un punto fondamentale. Se non hai obiettivi e vuoi solo "stare meglio" o "arrabbiarsi meno" non andrai da nessuna parte perché quello non è un obiettivo ma solo un buon proposito.

Per farti un esempio, uno dei suoi obiettivi SMART del nostro percorso era riuscire a comunicare in modo assertivo e con voce ferma e pacata per sette giorni di seguito con i suoi collaboratori, senza mai urlare.

Per far questo e per raggiungere tutti gli altri obiettivi abbiamo lavorato con il mio metodo GreenStress® su 3 aspetti importantissimi: "ripulitura cantine", "comunicazione efficace", "magiche abitudini".

Per "ripulitura cantine" intendo il lavoro di esame e rielaborazione della storia personale, andando a sgomberare le cantine del subconscio e dell'inconscio dai blocchi emotivi che sono ancora oggi alla base delle tue difficoltà.

Luca, indovina un po', aveva vissuto in una famiglia violenta, in cui il padre e la madre alzavano spesso la voce, litigavano, lanciavano oggetti, ecc.

Se da una parte quegli episodi lo avevano traumatizzato, dall'altra quei comportamenti erano diventati per lui così familiari da credere a livello inconscio che "l'amore non è bello se non è litigarello" e altre baggianate del genere, cioè che amare (anche collaboratori e clienti) vuol dire creare conflitto.

Utilizzando la Psicoterapia EMDR che è una vera bomba per la rielaborazione degli eventi traumatici in quanto fa un RESET di amigdala, ipotalamo, sistema libico del cervello e tutte le strutture deputate alle emozioni, Luca ha avuto la possibilità di desensibilizzare quei vecchi traumi e di non provare più la rabbia e la paura che si portava dentro.

Luca senza EMDR non ce l'avrebbe mai fatta, credimi. Le altre terapie solo verbali sono fallimentari perché parlano solo alla neo-corteccia e all'emisfero sinistro, alla parte razionale della persona. Il problema è che la persona lo sa benissimo a livello razionale che il suo comportamento è sbagliato (altrimenti non sarebbe neanche andata dallo psicologo). Ma sapere che qualcosa è sbagliato o fa male, non ha nulla a che vedere col reale cambiamento del comportamento, come sanno benissimo ad esempio tutti coloro che fumano. Lo sai che fa male, ma continui, non perché sei stupido, ma perché il beneficio secondario del fumare è maggiore e più immediato rispetto al comportamento salutare.

Nel caso di Luca, arrabbiarsi lo aiutava a liberarsi momentaneamente dalla tensione e dalla paura sottostante. Abbiamo lavorato su questa paura, che è spesso alla base della rabbia. Gli ho chiesto: "Se smettessi di arrabbiarti, cosa temi potrebbe accadere?" E lui mi ha risposto dopo aver riflettuto: "Ho paura che le persone facciano di testa loro, che io perda il controllo dell'azienda e che poi si trovino male, e io con loro". Siamo andati ancora più a fondo e Luca ha ammesso: "In fin dei conti ho paura di non essere adeguato, di non meritarmi l'amore, la fiducia e l'affetto dalle persone intorno a me!"

Una volta rielaborate tutte queste tematiche a livello profondo (ripeto, non solo a chiacchiere ma a livello emotivo), passiamo alle strategie del presente.

Ho aiutato Luca a formulare delle "domande trampolino", che sostituissero le vecchie domande "sabbie mobili".

Ha smesso di chiedersi: "perché i miei dipendenti non vogliono fare niente? Perché non gli interessa dell'azienda?" ecc.

Ha iniziato a domandarsi tutti i giorni:

"Come posso comunicare meglio con i miei collaboratori? Come riesco a dirigere senza urlare e far rispettare compiti e scadenze? Come fare per motivarli e delegare in modo che quando non ci sono io possa essere tranquillo che loro stanno facendo del loro meglio?" E altre stupende domande simili che lo hanno aiutato a prendersi la totale responsabilità, aumentando così la sua autostima e la sua efficacia come imprenditore, team leader e comunicatore.

Grazie ai corsi Psylife ha acquisito anche gli strumenti pratici per comunicare meglio e si è esercitato a farlo ogni giorno. I risultati sono stati pazzeschi.

Innanzitutto Luca ha avuto un cambiamento interiore che lo ha portato a sentirsi in generale più calmo e con una dose molto minore di rabbia da gestire.

Grazie alla "ripulitura cantine" infatti, mentre prima doveva gestire una spinta di rabbia di intensità 100, adesso doveva gestire una spinta di intensità 10. E non è poco!

Inoltre le domande guida e le strategie di comunicazione lo hanno aiutato a passare all'azione, introducendo gradualmente un cambiamento nel suo modo di comportarsi e nella sua azienda.

Come terzo step abbiamo lavorato sul consolidare le "magiche abitudini" che consentono di mantenere e accrescere i risultati nel tempo. Ogni mattina Luca si sveglia presto, pratica un po' di meditazione, corre o cammina per riattivarsi, mette su carta gli obiettivi della giornata e li porta con sé per ricordarli anche quando altri eventi lo porterebbero fuori dal focus, fa una colazione sana, ripete frasi motivanti e visualizza la giornata che lo aspetta nel miglior modo possibile.

Tutto ciò è stato possibile grazie alla meditazione in 7 step che voglio insegnare anche a te e che ha cambiato la vita già a centinaia di pazienti.

Nel giro di 10 sedute la sua vita è cambiata completamente. Anche questa volta il risultato è stato dimostrato scientificamente dai test di valutazione pre e post terapia che usiamo in Psylife. A volte la gente crede che per una rinascita interiore servano anni, ma non è vero. Luca era pronto a fare un salto quantico ma non aveva trovato gli strumenti e la guida giusta per farlo. Adesso è un uomo realizzato, calmo e in crescita costante.

Mi ha detto: "Roberto ero una pentola a pressione e grazie a te mi sono trasformato in un leader carismatico. I miei collaboratori mi vogliono bene, sono felici di lavorare con me perché ho totalmente cambiato il mio atteggiamento e il mio comportamento verso di loro. Non smetterò mai di ringraziarti, mi hai salvato letteralmente la Vita! E hai salvato la vita a decine di famiglie che sarebbero andate sul lastrico in caso di fallimento dell'azienda"
Molti dei collaboratori di Luca hanno a loro volta intrapreso un percorso di crescita personale e hanno chiesto di fare formazione in azienda sulle soft skills, la gestione delle emozioni la gestione dei conflitti, la pianificazione e la comunicazione, per migliorare sempre di più il clima aziendale e la produttività che è correlata al benessere.

Bomba! La cosa stupenda della crescita personale è questa: quando cresci tu, puoi aiutare anche gli altri a farlo, innescando un potente effetto domino di benessere, gioia e abbondanza.

6.4 Laboratorio Interiore, esercizi per l'anima

Esercizio 8: Il Diario delle Emozioni

Prova a tenere un diario delle emozioni per una settimana. Ogni giorno annota le emozioni che provi in diversi momenti della giornata.

Identificare i trigger: Per ogni emozione segnata, rifletti su cosa ha scatenato quell'emozione. Può essere un evento, una persona, un pensiero o una situazione specifica.

Riflessione serale: Alla fine di ogni giornata, rifletti su come hai gestito le tue emozioni. Sei riuscito a regolarle? Se sì, come? Se no, cosa avresti potuto fare diversamente?

Settimana di revisione: Alla fine della settimana, rivedi il tuo diario e cerca pattern ricorrenti. Quali emozioni sono più frequenti? Quali trigger sono più comuni?

Domande di riflessione:

- Quali emozioni hai provato più frequentemente questa settimana?

- Quali sono stati i principali trigger delle tue emozioni?

- Quali strategie di regolazione emotiva hai utilizzato? Sono state efficaci?

ESERCIZIO 9: AUTO-COACHING PER LA REGOLAZIONE EMOTIVA

Pratica tecniche di regolazione emotiva attraverso l'auto-riflessione e l'immaginazione guidata. Segui questi step.

Crea un elenco di scenari: Scrivi una lista di situazioni che potrebbero provocare forti reazioni emotive. Ad esempio, un conflitto sul lavoro, una critica ricevuta, un rifiuto in ambito personale, ecc.

Visualizzazione guidata:

- Scegli uno scenario dalla tua lista.

- Trova un posto tranquillo dove puoi sederti comodamente e chiudere gli occhi.

- Immagina vividamente lo scenario, cercando di percepire tutti i dettagli: cosa vedi, senti, e chi è coinvolto.

- Nota quali emozioni emergono mentre ti immergi nella situazione immaginata.

Applicazione delle tecniche di regolazione emotiva:

Respirazione profonda: Fai alcuni respiri profondi, concentrandoti sull'inspirazione e sull'espirazione. Nota come cambia la tua emozione mentre respiri lentamente e profondamente.

Ristrutturazione cognitiva: Identifica i pensieri che accompagnano le tue emozioni. Sfida questi pensieri chiedendoti se sono realistici o se esistono altre prospettive più equilibrate.

Mindfulness: Resta presente nel momento, osservando le tue emozioni senza giudizio. Accetta le emozioni come sono, senza cercare di cambiarle immediatamente.

Riflessione scritta:

Dopo aver immaginato e regolato le emozioni in uno scenario, apri un diario o un quaderno e descrivi l'esperienza. Rispondi a domande di riflessione come:

- Quali emozioni hai provato durante la visualizzazione?

- Quali tecniche di regolazione emotiva hai utilizzato e come ti hanno aiutato?

- Come ti senti ora rispetto a quando hai iniziato l'esercizio?

Esempio di scenario e riflessione:

- **Scenario**: Immagina di ricevere una critica ingiusta da un collega durante una riunione.

- **Visualizzazione**: Chiudi gli occhi e immagina il momento. Visualizza il collega che parla, il tono della sua voce e le reazioni degli altri partecipanti.

- **Tecnica di regolazione**: Usa la respirazione profonda per calmarti. Ristruttura il pensiero sfidando l'idea che la critica sia totalmente ingiusta o personale. Pratica la mindfulness osservando le tue emozioni senza giudicarle.

- **Riflessione scritta**: "Durante la visualizzazione, ho sentito rabbia e frustrazione. La respirazione profonda mi ha aiutato a calmarmi. Ristrutturare il pensiero mi ha permesso di vedere che forse il collega aveva un punto di vista diverso. Mi sento più tranquillo ora."

CAPITOLO 7 - RESILIENZA E ADATTABILITA' - STRATEGIA N. 6

Chi ha una perché per vivere,
può sopportare quasi ogni come.
Friedrich Nietzsche

7.1 VALORIZZARE SE STESSI: STRATEGIE DI RESILIENZA E ADATTABILITÀ

La tua autostima dipende anche da come tratti te stesso, soprattutto nei momenti di difficoltà.

Diceva Albert Einstein che l'intelligenza è la capacità di sapersi adattare all'ambiente e alle circostanze. E in effetti se ci pensi la Vita ci costringe ad essere flessibili, cambiare atteggiamento, pensieri, modi di fare per adattarci ad un ambiente fisico e sociale in rapida trasformazione.

Persino il clima oggi è meno stabile che in passato. Nell'arco di una vita i nostri nonni e antenati non avevano tutta la necessità che abbiamo oggi di saper cambiare e apprendere rapidamente nuove competenze.

Nascevi e per tutta la vita svolgevi sempre lo stesso mestiere. Oggi è normale cambiare decine di lavori e mettersi in gioco molte volte. Per non parlare delle relazioni di coppia, la cui "volatilità" è come gli indici di Borsa, sensibilmente aumentata negli ultimi decenni.

L'avvento dell'era digitale, dei social, dell'accesso illimitato a qualsiasi tipo di informazione, porta con sé una duplice sfida.

Da una parte hai la possibilità potenziale di fare praticamente tutto, puoi imparare qualsiasi competenza con pochi soldi e praticamente non muovendoti da casa. Dall'altra parte questa estrema possibilità di scelta porta una dose aggiuntiva di ansia, preoccupazione e a volte ci fa sentire piccoli e impotenti di fronte all'immensa possibilità di alternative.

Scegliere è faticoso in termini energetici. Se quando ti alzi la mattina devi scegliere se indossare i pantaloni bianchi o blu, la scelta è alquanto semplice. Ma se il tuo armadio contiene decine di pantaloni di ogni tipo, la scelta sarà più articolata e dispendiosa. Potresti sentirti stanco ancor prima di uscire di casa, solo perché hai esaurito tutte le energie per decidere cosa indossare!

Oggi più che mai siamo bombardati di stimoli di ogni tipo: visivo, uditivo, gustativo, tattile, olfattivo. Se entri in un centro commerciale ogni stimolo entra nel tuo sistema nervoso, anche quelli cosiddetti subliminali, cioè che arrivano sotto la soglia della coscienza. Neanche te ne sei reso conto, eppure quegli stimoli sono entrati e stanno lavorando dentro di te per indurti a comprare, come sanno bene i marketers e i pubblicitari.

In questo mondo siamo soggetti a milioni si "sanguisughe psicologiche" che ci sottraggono energia vitale a favore del consumismo di massa e dell'imposizione di modelli culturali orientati al mercato.

Se non vogliamo diventare "batterie per il sistema" come nel film Matrix, dobbiamo scegliere la pillola rossa della consapevolezza, che è inizialmente assolutamente più dolorosa ma che ci libera dai condizionamenti per rinascere e vivere davvero la migliore vita possibile.

Quante ore passiamo sui social?

Secondo il *Digital 2023 Global Overview Report* di We Are Social e Hootsuite, nel 2023, gli italiani hanno trascorso in media circa 6 ore e 9 minuti al giorno su Internet.

Anche se nessuno di noi ammetterà di starci in media 6 ore al giorno, per un totale di 180 ore al mese (più di una intera settimana giorno e notte) la verità è che tra whatsapp, Instagram, Facebook, web, app di ogni tipo, di fatto siamo praticamente sempre immersi in questo mondo digitale che ormai si sovrappone a quello reale, tanto da essere a volte più reale che mai.

Io credo che sia necessario trovare e coltivare sempre un equilibrio personale, che ci porti a utilizzare gli strumenti digitali, a vivere armoniosamente con il mondo iper connesso in cui siamo, senza però mai perdere il nostro centro e la nostra anima.

E' una sfida difficile, sono d'accordo con te!

Eppure possiamo farcela insieme, diventando consapevoli e trovando alternative a ciò che ci spegne.

Per aumentare la nostra autostima e renderci sanamente adattati, è necessario fermarci ad affilare la nostra ascia, come il boscaiolo della storia che ti ho raccontato, ricordi?

Così come un boscaiolo non può per sempre continuare a tagliare legna all'infinito, ma ha necessità di fermarsi ad affilare la sua ascia, allo stesso modo noi abbiamo bisogno di staccarci dal fare compulsivo, per respirare e riflettere, per riprendere energia e affinare le nostre strategie di azione.

Se sei sempre nel fare e sei inconsapevole nel "pilota automatico" (lavoro per pagare il mutuo, non ho mai tempo per me, corro e corro ma non ricarico mai la mia energia), dopo un po' inneschi un circolo vizioso che ti porta sempre più in basso, e starai male sia fisicamente che psicologicamente.

Viceversa, per essere efficaci e riuscire a trovare equilibri dinamici tra le nostre esigenze e ciò che l'ambiente sociale ci richiede, abbiamo bisogno anche di fermarci, prenderci cura di noi, ricaricare le nostre energie, nutrirci di arte, bellezza e sane relazioni.

Come possiamo valorizzare noi stessi?

Ama te stesso, così come sei. Inizia prendendoti cura di ogni aspetto del tuo essere: fisico, emotivo, relazionale ed estetico.

Troppo spesso, le persone si trascurano, diventando trasandate e non curando la propria igiene personale. Valorizzarsi non implica necessariamente spendere cifre esorbitanti in abbigliamento firmato, ma semplicemente concedersi l'attenzione e l'importanza che meritiamo.

È importante distinguere la vera cura di sé dalle pratiche estreme come la chirurgia estetica, che spesso nascono da una mancanza di accettazione di sé, piuttosto che da un genuino desiderio di valorizzazione personale.

Dedica tempo all'igiene personale e al benessere fisico, come concederti un massaggio. Ricorda: se non ti prendi cura di te stesso, chi lo farà al posto tuo?

È fondamentale uscire dalla propria zona di comfort e abbracciare quello che definisco "Green Stress", ovvero lo stress positivo che deriva dall'affrontare nuove esperienze, come un viaggio da sola in un paese che non conosci, oppure una camminata in campagna sotto la pioggia, o ancora imparare una lingua nuova oppure a suonare uno strumento musicale.

Questo tipo di stress ti spinge oltre i tuoi limiti abituali, contribuendo alla tua crescita personale.

7.2 Doccia fredda e routine quotidiana - Dal diario di Roby

"Tu non sei normale!"

Me lo sono sentito dire tante volte e alla fine ho accettato che probabilmente è vero, non sono normale! Nel senso di ordinario, almeno.

Prima cercavo di sforzarmi di convincere le persone che la mia fosse normalità…adesso accetto di essere considerato anormale e me ne sono fatto una ragione.

Questo click mentale mi ha liberato da tante paure e mi permette di continuare a sperimentare, non preoccupandomi del giudizio degli altri.

Tutte le strategie che propongo ai pazienti, clienti o nei gruppi, cerco prima di sperimentarle io stesso per capire il loro effetto su me stesso ed entrare in prima persona nel processo di cambiamento.

Così ad esempio quando ho preparato i corsi online "Magiche Abitudini" e "Anno da Leone" ho sperimentato una serie di esercizi e pratiche per migliorare la vita quotidiana.

Tra queste la doccia fredda. Ogni volta che ne parlo con qualcuno, spesso mi sento dire "Tu non sei normale! Io la doccia la faccio bollente, altro che!"

Eppure avere una routine mattutina ha avuto e ha tuttora un impatto molto positivo sulla mia vita in generale. Ogni giorno quando mi sveglio, ormai da diversi anni, faccio alcune cose importanti. Innanzi tutto punto la sveglia almeno un'ora prima di quanto dovrei, in modo da avere un'oretta dedicata a me e ai miei rituali.

Non mi piace spegnere la sveglia e iniziare a correre, mi toglie energia e mi fa vivere tutta la giornata nella "ruota del criceto".

Quando suona la sveglia resto a letto ancora un po' a riflettere e godermi quel momento di graduale risveglio.

Ripenso un po' ai sogni che ho fatto durante la notte, se c'è qualche importante messaggio dall'inconscio cerco di farne tesoro. Poi mi siedo e faccio meditazione per circa

10-15 minuti. Eseguo la meditazione in 7 step di cui parlo in diversi video che trovi sul mio canale Youtube.

Voglio insegnarla anche a te, per questo ho preparato dei contenuti speciali che trovi sulla pagina psylife.it/autostima-special

Mi focalizzo sul senso di gratitudine, di amorevolezza e visualizzo i miei obiettivi a medio termine e a breve termine le cose che voglio fare durante il giorno.

Poi mi alzo e faccio un po' di attività fisica, a casa oppure all'aperto. Faccio colazione con calma e faccio una bella doccia fredda.

Perché fredda? L'ho letto in diversi libri, dicevano che faceva bene per diversi motivi…ma la cosa più importante è stato sperimentarlo sulla mia pelle.

Ci sono arrivato gradualmente e consiglio anche a te di farlo così. Innanzitutto dovresti verificare con un bravo medico e accertarti che nel tuo caso non ci siano particolari controindicazioni. Se sei abituato, come ero io, a farla calda, potresti renderla progressivamente più fredda nei primi giorni. Inoltre per fare la doccia fredda è fondamentale focalizzarsi sul respiro. Perché il metabolismo necessita di apporto di ossigeno ulteriore in caso di mini shock termico.

Imparare la "respirazione di fuoco" che spiego nel corso Relax Lab e nel mio libro sul rilassamento ti aiuterà a renderla un'esperienza forse non piacevole, ma sopportabile.

Ma allora perché farla fredda? Le ricerche dicono che la doccia fredda fa bene per almeno 7 motivi: migliora la circolazione, riduce l'infiammazione, aumenta l'energia e la vigilanza, migliora l'umore, aumenta la resistenza al freddo, migliora la pelle e i capelli, stimola il sistema immunitario.

Personalmente il motivo principale per cui la faccio è perché quando hai concluso ti senti veramente un leone! Sia da un punto di vista fisico, perché l'acqua fredda riattiva la circolazione, sia a livello emotivo e psicologico perché hai superato una piccola paura e hai vinto l'inerzia uscendo dalla zona di comfort.

Puoi darti una pacca sulla spalla anche oggi e dire a te stesso "Ti stimo, sei un grande: hai vinto!"

Ecco crearsi delle piccole sfide quotidiane come questa è molto importante per continuare a coltivare la nostra autostima.

Se smetti di crescere, appassisci. Quindi ogni tanto potremmo privarci di qualcosa. Ad esempio fai una settimana senza caffè, o senza alcolici. Oppure fai un po' di digiuno, decidi di saltare un pasto. Non muori, tranquillo. E non c'è bisogno sempre di qualche esperto nutrizionista, medico o psicologo che ti dicano cosa fare. Sperimenta!

Siamo diventati una società di rammolliti perché abbiamo delegato le nostre scelte agli esperti riconosciuti, ma spesso questi ne sanno meno di noi e sicuramente non sono nella nostra pelle. Inoltre le privazioni a cui i nostri antenati erano abituati, diventano estremamente rare nel contesto consumistico in cui viviamo, con tutti i comfort che progressivamente ci esimono dal fare qualsiasi sforzo fisico e mentale. Ma ricordati che la comodità e la sicurezza alla lunga ti uccidono e ti spengono l'autostima!

Affina le tue capacità di ascolto e di inizia a fidarti delle tue sensazioni, emozioni, pensieri e sentimenti.

Sperimenta! Se la doccia fredda non fa per te, nessun problema, tornerai a farla calda, ma sai dall'interno di cosa stiamo parlando perché lo hai sperimentato.

Meno mente, più corpo e più cuore!

7.3 Il seno di Sofia - Momenti di svolta in terapia

Sofia non ne aveva affatto voglia, ma doveva farlo. L'asportazione del seno, in gergo tecnico mastectomia, è un'esperienza dolorosa e psicologicamente delicata per molte donne.

Si può andare incontro a un disturbo dell'immagine corporea, perché il seno è associato all'identità femminile e all'immagine di sé. Anche per Sofia era così, perché quando è arrivata da me era in preda all'ansia e ormai da settimane versava in uno stato di depressione e malumore.

"E' tutto finito! Anche se da una parte sono contenta che mi tolgono la preoccupazione del tumore, non posso pensare a me stessa come una donna senza seno. Non ho voglia di averne uno finto, ricostruito e ho paura che mio marito non mi vorrà più vedere. Anche se lui mi rassicura ed è così carino con me, io temo di non essere più sessualmente attraente per lui. Come farà a far l'amore con una tavoletta piatta come me, con le cicatrici e i segni dell'operazione?"

La vita spesso è dura. Oltre alle cose che ci piacciono, dobbiamo affrontare tante sfide.

Altre donne che avevo aiutato, erano riuscite ad accettare la mastectomia, ma per Sofia rischiava di degenerare in un disturbo depressivo, con conseguenze gravi sulla sua autostima e sulla sua vita familiare e relazionale.

In questi casi, credimi, anche a me verrebbe spontaneo sdrammatizzare, minimizzare, far vedere altri punti di vista, provare in qualche modo a convincere…ma sarebbe totalmente inutile o peggio dannoso.

Perché la persona sa benissimo che quell'operazione è necessaria, ma il problema anche qui è di tipo emotivo.

Inutile dunque parlare direttamente alla parte razionale del cervello: occorre toccare i pulsanti giusti per permettere alla mente di fare un click emotivo e significativo.

In casi come questo utilizzo il mio metodo GreenStress®. In particolare ho aiutato Sofia a rielaborare i traumi e le difficoltà del passato relativi alla sua immagine corporea e alla percezione della sua sessualità. Come ti senti nel tuo ruolo di donna? E di compagna/moglie? Di madre?

Quali sono stati i momenti in cui ti sei sentita in difficoltà nel tuo essere donna? Come hai superato quei momenti?

Così è venuto a galla un senso di vergogna e di inferiorità che Sofia si portava con sé dalla pre-adolescenza. Il suo Maestro di canto aveva abusato di lei all'età di dodici anni per tanto tempo. La toccava nelle parti intime, la baciava in bocca, mentre lei ragazzina inerme non capiva bene cosa fare, e non aveva affatto il coraggio di dirlo ai suoi genitori.

Purtroppo fatti del genere accadono più spesso di quello che riusciamo a credere. Un adulto di riferimento che dovrebbe proteggere ed educare, approfitta del suo potere per soddisfare alcune sue voglie perverse (derivanti spesso dall'aver subìto a suo volta abusi simili in infanzia). In questo modo si innesca e si perpetua un circolo di vergogna e colpa, che è difficile spezzare.

Nel caso di Sofia, inizialmente alla mia domanda se avesse mai subito abusi di tipo sessuale in vita tua, mi aveva risposto di no.

Poi mi ha confessato che non aveva reputato quegli episodi dei veri e propri abusi, ma adesso al ripensarci le creavano grande disagio, senso di impotenza e ingiustizia.

L'imminente mastectomia, tra le altre cose, rischiava di riattivare questo vecchio trauma che sarebbe tornato a galla in tutta la sua potenza distruttrice. Grazie al percorso di psicoterapia, Sofia ha potuto elaborare completamente quegli episodi per comprendere a livello emotivo e profondo che lei non aveva colpe: il Maestro di canto si comportava così anche con altre ragazzine e a sua volta probabilmente era stato abusato. Attenzione: questo non vuol dire giustificare un comportamento assolutamente riprovevole, su questo siamo d'accordo.

Significa aiutare la vittima a liberarsi dai fardelli del passato in maniera da vivere libera e con maggiore autostima oggi. E' ovvio che chi sbaglia debba pagare, a livello legale, i suoi errori. Ma qui parliamo di un altro livello: quello personale psicologico che aiutiamo a liberare.

Alcune persone credono che alcuni traumi del passato non guariranno mai e che non si potranno mai superare. Anch'io lo credevo un tempo, ma adesso so con assoluta certezza che noi siamo in grado, grazie alla terapia

EMDR, di elaborare qualsiasi trauma, anche quelli che sembrano insormontabili. Ho aiutato tantissime persone a superare la morte del partner, di un figlio, abusi di ogni tipo anche più gravi di quanto potessi mai immaginare. La capacità del nostro cervello di reagire, rielaborare e dissipare le esperienze traumatiche è meravigliosa, per fortuna. Abbiamo tutto il corredo biologico di milioni di anni di evoluzione dalla nostra parte, per tirar fuori una resilienza che è al di là di ogni immaginazione.

Sofia ha affrontato con successo l'operazione di mastectomia. Era pronta, a tutti i livelli. Ha addirittura iniziato a vedere questa operazione come una possibilità di rinascita, la liberazione dal suo vecchio sé che forse aveva contribuito a sviluppare un tumore al seno. Il rapporto con suo marito prosegue alla grande e mi ha detto che la sua vita sessuale non ne ha particolarmente risentito.

"All'inizio è stata dura, ma con il tuo aiuto Roby sono riuscita a capire che posso vivere l'amore in altri modi. Con Antonio abbiamo provato cose nuove e mi sono accorta di quanto lui davvero mi ami. La nostra relazione non ne ha risentito, anzi mi sento adesso pienamente donna, perché posso esprimermi ed essere finalmente me stessa anche con mezzo seno, ma io sono tutta intera, anzi sono diventata più grande!"

ESERCIZIO 10 - AFFRONTARE PICCOLE SFIDE QUOTIDIANE

Ogni giorno, imponiti di superare una piccola sfida personale che ti porti leggermente oltre la tua zona di comfort. Questo potrebbe significare parlare con uno sconosciuto, imparare qualcosa di nuovo o affrontare una paura. Rifletti sulle tue capacità e sulla sensazione di aver superato l'ostacolo, riconoscendo che limitarsi non fa altro che ridurre la tua autostima.

Sfidare i propri limiti, anche in piccole dosi quotidiane, è essenziale per costruire la fiducia in te stessa e sviluppare resilienza.

Quando ti alzi la mattina, metti per iscritto due o tre piccoli obiettivi/sfide che vuoi portare a termine nel corso della giornata.

Ad esempio dire NO a qualcuno, oppure dire Sì ad una proposta allettante ma che ti intimorisce, invitare una persona a prendere un caffè, prenotare un weekend alle terme, insomma tutto ciò che da una parte ti spaventa e dall'altra ti affascina e vorresti essere in grado di fare.

Gratificazione e Celebrazione

Ti prendi il tempo e lo spazio mentale per celebrare i tuoi successi? Stabilisci di festeggiare regolarmente i tuoi traguardi, grandi o piccoli che siano.

Non è necessario compiere gesti grandiosi; anche il successo di aver fatto esercizio fisico o posto una domanda difficile, merita di essere celebrato. E spesso basta poco per sentirsi gioiosi dopo aver fatto un piccolo passo per la nostra crescita. Puoi gratificarti facendoti un dono, concederti una giornata di riposo, dedicare del tempo a un'attività che ti piace. Mi raccomando, che il tuo festeggiamento sia salutare: evita di bere alcolici o festeggiare perdendo sonno.

Gratificarti e celebrare i piccoli successi rafforza un'auto-immagine positiva, fa crescere progressivamente la tua autostima e ti motiva a continuare nel tuo percorso di crescita personale.

CAPITOLO 8 - PIANIFICA I TUOI OBIETTIVI - STRATEGIA N.7

> Non c'è vento favorevole
> per il marinaio che non sa dove andare.
> *Seneca*

8.1 PIANIFICARE, LIBERARE, RAGGIUNGERE

Impostare obiettivi chiari, concreti e ragionati è fondamentale per rafforzare la nostra autostima. Senza di essi, ci ritroviamo come barche alla deriva, senza una direzione definita.

Prenditi il tempo per esplorare questo concetto, riflettendo innanzitutto sui tuoi ruoli.

Ad esempio hai il ruolo di madre, di moglie, di amica, di lavoratrice, di figlia, di ballerina di tango, ecc.

In ognuno di questi ruoli puoi darti un voto da 0 a 10 e riflettere su eventuali disequilibri. Ad esempio potresti scoprire che ultimamente hai tralasciato il tuo ruolo di amica, e per mancanza di focalizzazione non hai più sentito e visto le tue amiche come facevi un tempo.

Concentrandoti sulla "ruota della vita", lo strumento di

cui ti parlo in seguito nella sezione degli esercizi, avrai una visione subito chiara dell'equilibrio dei vari ambiti e ruoli di vita. Questo strumento ti guiderà nell'identificare i vari ruoli che ricopri – partner, genitore, professionista, amico – permettendoti di valutarli con un punteggio di soddisfazione personale.

Rifletti sulle aree in cui ti senti meno soddisfatto e sui modi in cui puoi migliorare, ad esempio come sviluppare una relazione più armoniosa con i tuoi genitori o coltivare maggiormente la tua vita sociale.

Attraverso azioni mirate, potrai incrementare la tua soddisfazione in ogni ambito della vita, rafforzando così la tua autostima.[12]

Da tanti anni lavoro con professionisti, imprenditori e lavoratori dipendenti sia nelle sessioni individuali che di gruppo e ogni volta mi meraviglio della difficoltà che abbiamo nel definire obiettivi in modo utile e funzionale. Molte persone scambiano i "buoni propositi" per "obiettivi" e credono che darsi un obiettivo sia dire ad esempio "voglio dimagrire" oppure "voglio stare bene".

Questi non sono obiettivi perché non sono obiettivi SMART, cioè Specifici, Misurabili, Ambiziosi, Rilevanti e Temporizzati. In particolare definire gli obiettivi in modo preciso è già quasi metà del lavoro, perché avere un'idea chiara del punto di arrivo ti permette di monitorare i progressi in itinere e aggiustare la tua

---

[12] Posso consigliarti il corso "Anno da Leone", che offre potenti strumenti aggiuntivi per chiarire e perseguire i tuoi obiettivi (www.psylife.it)

direzione.

Ad esempio potrei dire: voglio perdere 5 kg entro il 31/12 di quest'anno, grazie a una dieta quotidiana equilibrata e all'esercizio fisico da svolgere 3 volte a settimana.

In questo modo la perdita dei 5 kg sarebbe una normale e naturale conseguenza di un cambiamento reale nel comportamento quotidiano. I miracoli in questo ambito non esistono: se vuoi raggiungere la vetta della montagna devi avere una strategia precisa e impegnarti in tanti piccoli passi.

Quando impari a definire, pianificare e raggiungere i tuoi obiettivi, migliora l'autostima e la tua vita inizia ad avere uno scopo profondo e una direzione. Stabilisci obiettivi realistici, celebra i tuoi successi incrementali, e aumenterai la consapevolezza di te, promuovendo un progresso costante verso il miglioramento personale.

8.2 Un anno da leone. Dal diario di Roby

Ogni anno è la stessa storia. "Che fai a Capodanno?" Scommetto che l'hanno chiesto anche a te un sacco di volte.

Ho sempre avuto la sensazione che quando "dovevo" divertirmi non ci riuscivo. In effetti se ci pensi è così. Ti diverti quando qualcosa di inaspettato rompe la routine, mentre se pianifichi in maniera eccessiva il divertimento e sei costretto a divertirti, non ci riesci.

Succede così per molte cose che sfuggono al nostro controllo. Ad esempio se decidi di addormentarti e devi farlo a tutti i costi (perché ad esempio il giorno dopo ti alzerai presto), non ci riesci.

Accade così per l'amore. Non puoi decidere di innamorarti, perché l'amore accade anche contro la tua volontà.

Così anche quella volta stava per arrivare il capodanno e non sapevo bene cosa fare. O meglio, lo sapevo…ma non sapevo come affrontarlo.

Così ho deciso semplicemente che accadesse quello che voleva succedere.

Mi ero iscritto ad un Capodanno alternativo alle Terme, organizzato da un'agenzia di viaggi, con un gruppo di perfetti sconosciuti che avrei incontrato per l'occasione.

Perché lo stavo facendo? Ancora una volta, per mettermi alla prova e sperimentare qualcosa di nuovo.

"Tra le varie scelte, fai quella che ti spaventa un po' e da cui puoi imparare di più"…era diventato il mio motto.

Mentre mi dirigevo in auto a conoscere i miei nuovi compagni, una voce interiore mi diceva: "Ma cosa fai? Ma dove vai? A fare lo sfigato con questi altri sfigati… Le persone normali a capodanno stanno con gli amici di sempre. Torna indietro!"

Insomma i soliti pensieri boicottanti che, appena ti allontani un po' dal conosciuto, ti fanno venire mille dubbi. Ma anche questa volta sono riuscito a placare le tigri mentali. Mi sono detto: "Cosa ho da perdere in fondo? Qual è la cosa peggiore che potrebbe capitare qui?" In effetti a ben vedere non avevo nulla da temere. A limite, se non mi fossi trovato bene col nuovo gruppo, avrei fatto da solo i miei giri nei dintorni e avrei letto un buon libro.

Quando sono arrivato in hotel, già c'era qualcuno del nostro gruppo e subito mi sono sentito accolto. Ho iniziato a fare conoscenze e in men che non si dica ci siamo trovati a ridere e scherzare in un bel clima di reciproca curiosità e rispetto. Avevo portato con me la chitarra e un altro signore ha tirato fuori niente meno che….un'arpa celtica! E' scattata una jam session/concerto che è durato tre giorni e ha coinvolto mezzo albergo. Nel frattempo ci siamo divertiti un sacco ed è stato uno dei capodanni più belli della mia vita. Chi lo avrebbe mai detto?

A volte basta un piccolo atto di coraggio per cambiare tutto!

Eppure quel divertimento non era casuale. Era già qualche anno che stavo utilizzando, dopo averlo personalmente collaudato il mio metodo "Anno Da

Leone". E' un sistema che ti consente di pianificare con attenzione e saggezza gli obiettivi del tuo prossimo anno e realizzarli ampiamente, accompagnandoti step by step sia nella pianificazione che nella realizzazione.

Anziché fare una semplice lista di buoni propositi (che puntualmente già a Febbraio sono carta straccia) questo metodo ti aiuta concretamente a fare un'analisi dell'anno passato e portarti passo dopo passo a creare e realizzare grandi obiettivi nell'anno successivo. La cosa interessante è che non si tratta solo di obiettivi lavorativi. Spesso le persone credono che pianificare significhi stabilire cifre e numeri che riguardano il fatturato o le entrate economiche, ma non è solo questo.

Nel metodo "Anno da Leone" fai una profonda riflessione anche sui tuoi ruoli. Ad esempio puoi essere in contemporanea nei ruoli di madre, moglie, figlia, insegnante, domestica, manager, amica, giocatrice di Padel, ecc.

Inoltre ti aiuto a riflettere sui tuoi Valori, che sono a mio avviso la vera bussola della nostra vita. Ad esempio il mio primo valore oggi è la "crescita personale". Vivere in linea con questo valore significa mettermi in gioco, fare esperienze, letture, corsi, imparare cose nuove ogni giorno, riflettere sulle mie azioni e continuare a formarmi.

Se il tuo primo valore è la serenità e la pace, dovrai chiederti: "Cosa posso fare per portare ogni giorno nella mia vita più pace e serenità? Quali attività, relazioni, lavori posso coltivare per vivere in linea con questo valore? A quali persone o personaggi illustri possono ispirarmi per conseguire questo valore?

Se i tuoi obiettivi non sono allineati con i tuoi valori può accedere qualcosa di veramente spiacevole nella tua vita. Dopo esserti impegnato tanto, puoi trovarti alla fine nel posto sbagliato, con un senso di sforzo e frustrazione infiniti. Invece, se cammini sulla strada dei tuoi valori, tutto scorre e diventa addirittura divertente.

Se ho il valore della solidarietà e di aiutare gli altri, impiegare tempo ed energie per lavorare al mio libro non mi peserà più di tanto, anzi mi sentirò entusiasta all'idea che il tempo che sto dedicando oggi potrà fruttare e aiutare migliaia di persone a crescere e fiorire.

Dopo aver definito i tuoi obiettivi attraverso un lavoro di riflessione e scrittura (che nel mio caso dura mediamente 3/4 settimane), puoi tornare ogni giorno alla lista dei tuoi obiettivi e averli sempre sotto gli occhi per non distoglierti dalla retta via.

Inoltre nella Meditazione 7 Step che ti insegno e vorrei che tu facessi ogni giorno, potrai visualizzare i tuoi obiettivi e ciò darà uno stimolo potentissimo al tuo cervello per la loro realizzazione.

Credimi è un metodo potentissimo. Personalmente mi ha aiutato e mi sta sostenendo nel raggiungere obiettivi che mi sembravano irraggiungibili.

Perché, se ci pensi, il problema di base non è la mancanza di tempo, ma la scarsa capacità di selezionare e mantenere il focus su ciò che conta davvero. Disperdiamo così le nostre energie e ci "dimentichiamo" delle cose importanti, riducendoci a fare solo le cose urgenti.

Per farti un esempio, in questo momento in cui sto scrivendo potrei fare mille altre cose più urgenti, tipo portare l'auto dal meccanico, pagare le bollette, rispondere a un amico o un collega che mi ha inviato un messaggio sui social, ecc.

Ora capisci perché ho tutte le notifiche disattivate e di solito non rispondo al telefono, ma richiamo ad orari stabiliti?

Quando sei nel flusso creativo e porti avanti attività ad alto impatto (come scrivere un libro) non puoi essere distratto da altro.

Altrimenti arriverai a fine anno e realizzerai di non aver fatto nulla di sostanziale: i sogni nel cassetto sono rimasti tali, da rimandare ancora d un futuro che non arriverà mai.

Dopo quel meraviglioso capodanno, nel 2023 tra le altre cose sono riuscito a scrivere e pubblicare un altro libro, fare un viaggio all'estero con mia figlia che desideravo da tanto, incidere e pubblicare il mio primo album musicale Dioniso, ecc. Per far ciò è stato indispensabile non distogliere mai gli occhi dalla meta e costruire ogni giorno uno spazio di monitoraggio rispetto a come stavo andando.

Nella mia routine mattutina c'è la lettura e la riscrittura dei miei obiettivi annuali, in modo da chiedermi cosa posso fare oggi per aggiungere un piccolo pezzetto al loro perseguimento.

Ti invito a festeggiare molto a Capodanno, senza perdere mai di vista i tuoi valori!

E soprattutto ti invito a goderti veramente la vita, che non significa "carpe diem" tatuato sulla scollatura della procace ragazzina di turno in senso puramente edonistico.

Significa creare e dare valore alle cose importanti, imparando a pianificare, realizzare, monitorare e ridefinire ogni giorno le cose che veramente contano per te!

In questo modo anche il divertimento potrà avere grande valore, perché non sarà fine a se stesso disancorato dalla tua missione di vita, ma sarà un momento piacevole e utile di ricarica energetica, non più scisso e disintegrato dal progetto generale della tua vita, ma perfettamente inserito in equilibrio dinamico tra il fare e il non fare.

Provare per credere!

8.3 Guido alla guida - Momenti di svolta in terapia

Guido non guidava l'automobile.

Non perché non sapesse farlo, dato che aveva anche la patente da 10 anni. Non ci riusciva, perché ogni volta che provava a mettersi al volante era assalito dall'ansia che presto si trasformava in paura e terrore.

Non era stato sempre così.

Aveva preso la patente a 18 anni e fino ai 27 aveva guidato normalmente. Era un ragazzo prudente e ci teneva a non creare problemi agli altri. Suo padre gli aveva fatto mille raccomandazioni, perché anche lui aveva avuto un brutto incidente dal quale si era salvato per miracolo. Forse involontariamente aveva trasmesso al figlio la stessa paura di guidare.

Sai, le paure si trasmettono di generazione in generazione, grazie al comportamento non verbale. Ad esempio, il padre di Guido ogni volta che suo figlio era al volante, si sentiva teso, continuava a dirgli "fai attenzione", teneva una mano sul freno nervosamente. In questo modo Guido ha appreso che guidare è pericoloso e probabilmente si aspettava l'incidente da un momento all'altro. E così è stato. Un giorno tornando dal lavoro la sua auto è sbandata ed è finito in un fosso.

Per fortuna non si è fatto nulla di grave a livello fisico ma lo shock è stato enorme. "Quando ho visto un albero davanti a me ho pensato: ormai sono morto! Per fortuna sono riuscito a evitarlo e sono finito nella scarpata."

Qualche mese dopo l'incidente, Guido ha ripreso a guidare, ma nulla era come prima. Provava paura, si sentiva teso e per quanto si ripetesse di stare tranquillo, non ci riusciva.

Quanta gente conosci che ha difficoltà a guidare e dopo un po' ci rinuncia completamente raccontandosi la frottola del "preferisco così, tanto ci sono i mezzi pubblici. Anzi meglio, così inquino meno…" Sono solo razionalizzazioni rispetto alla difficoltà di superare il proprio limite.

Guido è stato un grande, perché ha chiesto aiuto ed è riuscito a vincere le sue paure. Ho enorme ammirazione per i nostri clienti e pazienti, sono persone veramente coraggiose e hanno tutta la mia stima.

Il lavoro che abbiamo fatto insieme si è concentrato su tre aspetti.

Primo, abbiamo rielaborato il trauma dell'incidente in modo da ridurre le attivazioni fisiologiche automatiche e il carico emotivo legato al guidare. Grazie alla terapia EMDR, Guido ha potuto sciogliere i collegamenti emotivi e l'associazione mentale auto=pericolo che si era radicata nella sua mente. La cognizione negativa sottostante rispetto al guidare era "io sono in pericolo" e l'abbiamo sostituita con "io sono al sicuro adesso".

Abbiamo lavorato anche sul rapporto col padre, che gli aveva trasmesso diverse paure, non solo quella del guidare, ma anche la paura di ammalarsi o sentirsi male lontano da casa.

Abbiamo inoltre definito una serie di obiettivi smart progressivi. Il primo era: riuscire a mettersi in macchina da solo al volante, accendere il motore e restare 5 minuti al posto di guida mantenendo il respiro e il corpo rilassati. Poi l'obiettivo era fare un giro intorno casa con l'auto per 10 minuti. Poi per 30 minuti. Poi prendere l'autostrada e fare il percorso fino al casello successivo…e così via. Molti obiettivi intermedi sono stati saltati, perché non c'era bisogno. Quando avviene lo sblocco emotivo infatti, non hai necessità di fare piccoli passi, perché vai come un treno.

Per intenderci: se hai una gamba rotta, quando guarisci e fai riabilitazione lo fai gradualmente. Ma quando ormai è totalmente guarita, ti dimentichi perfino di quell'esperienza e fai tutto ciò che facevi prima senza pensarci.

Con Guido abbiamo lavorato anche sullo "scenario futuro", cioè immaginare di riuscire a raggiungere gli obiettivi e sfruttare il potere dell'immaginazione.

Con tecniche specifiche di ipnosi terapia, suggestione, EMDR e PNL è possibile programmare la mente e facilitare il raggiungimento dei risultati. Ad esempio, aiutavo Guido a immaginarsi al volante della sua auto, felice, spensierato, mentre andava a giocare con i suoi amici a tennis, visualizzando la scena con tutti i dettagli sensoriali piacevoli e creando degli "ancoraggi" positivi.

Si può usare per l'ancoraggio una parola o una breve frase. Lui aveva scelto "Vai tranquillo!" E si ripeteva mentalmente questa frase ancorandola alle sensazioni di benessere, fluidità e spensieratezza.

Ovviamente questo tipo di ancoraggio funziona solo se prima hai ripulito il trauma sottostante, altrimenti sarà molto difficile visualizzare il positivo perché le immagini negative torneranno a tormentarti.

La mente è potentissima. Man mano che conosciamo noi stessi, ci rendiamo conto dell'enorme potere di questo strumento meraviglioso che è la mente.

La bella notizia è che possiamo sfruttare meglio il nostro potenziale per portare benessere a noi stessi e agli altri, come è stato per Guido che adesso, finalmente, guida felice.

Mi ha detto: "Non avrei mai pensato che guidare potesse essere così piacevole per me. Ascolto la mia musica preferita, parlo con amici e parenti usando gli auricolari, mi godo i paesaggi e soprattutto, sono libero di andare dove voglio e continuare a viaggiare."

8.4 Laboratorio Interiore, esercizi per l'anima

Esercizio 11 - La Ruota della Vita

Fermati a riflettere sulla tua vita e sui ruoli che ricopri. Fai un elenco dei tuoi ruoli principali, sia quelli che già hai che quelli che vorresti avere.

Ad esempio: moglie, amica, figlia, professionista, imprenditrice (voglio avviare un'attività ma finora non l'ho fatto), coach di me stessa (comprende lettura, studio, monitoraggio, corsi e videocorsi di formazione, ecc.)

Dai un voto da 0 a 10 del tuo grado di soddisfazione in ognuna di queste aree. Ad esempio moglie 7, amica 4, figlia 6…

Utilizza questo grafico per colorare i singoli spicchi, a partire dal centro. Ogni spicchio rappresenta un ruolo e puoi colorare in base al voto che ti sei data.

In questo modo avrai subito sotto gli occhi la percezione della tua vita nel suo insieme.

Ci sono aree poco sviluppate? In che modo la carenza in queste aree ti sta creando uno squilibrio? Come mai le hai tralasciate finora? Cosa accadrà in futuro se continui a tralasciarle?

Cosa accadrà invece quando anche quelle aree saranno pienamente sviluppate? Quanto migliorerà a tua vita? Quanto e in che modo crescerà la tua autostima?

Utilizza la visualizzazione e connettiti con il livello emotivo.

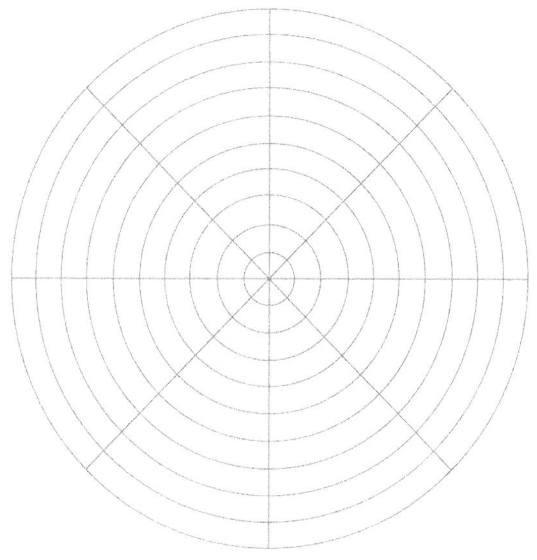

Ad esempio sviluppare il tuo ruolo di amico può portare gioia, calore umano, senso di pienezza, gratitudine, connessione con gli altri, ti può far sentire amata, rispettata, riconosciuta e importante per gli altri.
Cosa potresti fare per incrementare le aree carenti? Fai una lista di almeno 10 idee che ti vengono in mente per incrementare ognuna di queste aree, senza preoccuparti

adesso di quanto siano effettivamente realizzabili, ma lascia libera la tua fantasia (tecnica del brainstorming).

Ad esempio per incrementare il ruolo di amico potrei fare più telefonate, ricordarmi dei compleanni usando un'agenda, organizzare viaggi e uscite, riprendere a giocare a tennis, creare una band musicale, partecipare con gli amici ai raduni di auto d'epoca, ecc.

Scrivi tutti gli obiettivi che ti vengono in mente da raggiungere entro un anno solare.

Senza pensarci troppo, così in brainstorming, butta giù tutti quelli che ti vengono in mente!

Ad esempio: voglio costruire casa, voglio andare a vivere con la mia ragazza, creare una nuova attività che fatturi bene, tutto quello che ti viene in mente senza andare troppo nel dettaglio e senza chiederti adesso la loro realizzabilità.

Successivamente dai un voto da 0 a 10 per rilevanza a ognuno dei punti che hai scritto. Ad esempio; quanto è importante per me andare a vivere con la mia compagna? E' importante 9. Adottare un cane é importante 4. E così via.

A questo punto tieni i primi cinque obiettivi della lista e cancella tutti gli altri.

Questo è un atto difficile: anch'io ho difficoltà a fare ciò, ma è assolutamente importante perché altrimenti ci ritroveremo a perseguire cose che non sono rilevanti nella nostra vita. Potremo in seguito perseguire anche gli obiettivi che stiamo scartando adesso.

A questo punto utilizza il metodo SMART per definirli nel dettaglio. La sigla "SMART" ti aiuterà a rendili Specifici, Misurabili, Ambiziosi, Rilevanti e Temporizzati.

A questo punto elabora un piano di azione con dei sotto-obiettivi intermedi.

Se per esempio l'obiettivo entro quest'anno è quello di creare un corso online, un sotto obiettivo sarà quello di fare all'inizio un'analisi di mercato. Puoi darti dei tempi e stabilire di completare l'analisi di mercato entro il 31 gennaio, poi stilare il programma entro febbraio, girare i video entro marzo, e così via.

Elabori così un piano di azione che ti porterà step by step fino alla meta. Questo è fondamentale per non perdere la rotta.

Ogni mattina rileggi la lista dei tuoi obiettivi e dei sotto obiettivi per capire a che punto sei. Visualizzali ogni giorno rilassandoti sulla tua poltrona mentre svolgi la tua routine mattutina. Mettili bene in vista in modo da poterli avere sempre ben presenti, scrivendoli in agenda, sui post-it, sullo smartphone, ecc.

Puoi creare anche una "vision board" cioè un cartellone su cui affiggi immagini degli obiettivi come se fossero già raggiunti. In altre parole ti devono spuntare sempre e dovunque (quando apri il frigorifero, in bagno, ecc.)

Questo perché ciò che abbiamo davanti agli occhi, è rilevante per il nostro cervello. Si dice "lontano dagli occhi lontano dal cuore" quindi se abbiamo a cuore i nostri obiettivi dobbiamo averli sempre presenti, poiché se non li leggi di continuo tenderai a dimenticarli.

Monitora a cadenza prestabilita i tuoi progressi. Ad esempio puoi stabilire che ogni domenica sera ti fermi a riflettere e capire come stai andando rispetto alla tua tabella di marcia, stabilendo gli obiettivi intermedi per la prossima settimana.

Ogni giorno metti per iscritto i 5 piccoli obiettivi più

importanti della tua giornata, in modo da avere sempre chiaro quale sarà la tua prossima azione.

In questo modo la tua Rinascita Interiore sarà definitiva e assisterò con soddisfazione al tuo vero successo personale a 360 gradi.

Vogli che la tua Luce si espanda, voglio che tu realizzi pienamente tutto il tuo potenziale.

Io sarò al tuo fianco!

Buona Vita.

CONCLUSIONI

Impara a essere felice con ciò che hai
mentre persegui ciò che vuoi
Jim Rohn

Sono estremamente felice al pensiero di contribuire alla tua crescita e a quella di migliaia di persone e il cuore mi si riempie di gioia.

Se ripenso a me stesso bambino, alla tristezza e alle delusioni che mi portavo dentro, sono veramente grato di aver seguito la Voce Interiore che mi ha portato fin qui, a capire e camminare sulla strada della mia missione di vita: aiutare gli altri a liberarsi dai loro condizionamenti mentali grazie alla psicologia e alla crescita personale.

La nostra Rinascita Interiore passa attraverso strettoie e sensi unici, a volte dobbiamo tornare indietro sui nostri passi perché capiamo di aver smarrito la rotta. Ma ciò che conta è non fermarsi mai, o meglio…fermarsi per riflettere e poi ripartire più carichi di prima.

Non esiste un'unica via! Non credere a coloro che spacciano dogmi e soluzioni miracolose. La verità è che esistono sul tuo cammino dei Maestri, e la tua bravura sarà nel riconoscerli e distinguerli dai finti maestri, che invece ti portano fuori strada. Ma il vero Maestro è quello interiore ed è già dentro di te, ti parla quando ti connetti a quell'energia cosmica.

Il mio auspicio più grande è che questo libro ti abbia emozionato, fatto commuovere, riflettere, gioire, ti abbia dato speranza e motivazione a cambiare, a rinascere una volta per tutte a Nuova Vita, la TUA Vita.

Ci saranno anche per te momenti di sconforto, in cui ti sembrerà di non aver fatto nulla di significativo. Torneranno alla mente quelle vecchie voci ("è tutto inutile", "Tanto non sei capace", "Ci riescono tutti tranne te").

Vorrei che in quei momenti ti ricordassi di me, del mio volto e della mia voce che ti chiama per nome e ti dice: "Io credo in te, io sono con te, e non ti mollerò finché non avrai successo! Dai, puoi farcela, io credo in te, credici anche tu! Forza, andiamo!"

Ogni volta che avrai successo pensami, fai un brindisi immaginario alla nostra salute e alla salute di tutti i Guerrieri del Dharma di Psylife, perché questa energia diventi una massa critica e impattante sulla vita di milioni di persone.

Da soli possiamo andare veloci, ma insieme arriveremo molto, molto più lontano.

Con Amore
Roberto Ausilio

CONTENUTI EXTRA - 7 STEP MEDITATION

Ho preparato per te dei contenuti speciali di inestimabile valore. Il mio intento è accompagnarti giorno dopo giorno sul Sacro Sentiero della tua Crescita Personale.

Scarica, ascolta e pratica ogni giorno la "7 Step Meditation" che ti aiuta a trasformare la tua vita in una spirale meravigliosa di benessere e armonia.

Pratica le Tecniche di Rilassamento che ti insegno nel potente corso Psylife che ti regalo qui, augurandoti pace, gioia e piena realizzazione.

Ti chiedo cortesemente di scrivere la tua recensione al libro, a Psylife e all'Autore

Scansiona adesso il QR o vai sulla pagina www.psylife.it/autostima-special **per accedere**

RINGRAZIAMENTI

Voglio ringraziare innanzitutto te lettore che con la tua determinazione sei arrivato fin qui. Non è scontato oggi dedicare tempo ed energie a se stessi e alla crescita personale, dato che siamo assorbiti da troppe distrazioni. Quindi il mio grazie va innanzitutto a te e a tutti i "guerrieri del Dharma" di Psylife, le persone che hanno compreso quanto è importante prendersi la responsabilità della propria vita e hanno scelto di abbracciare il cambiamento positivo.

Grazie agli amici che hanno riletto il manoscritto dandomi preziosi suggerimenti e correzioni: Loredana Romano, Sabrina Guerra, Vito Ausilio, Daniela Stella Brienza, Patrizia Rosato, Elisa Ravera, Nicole Fiorini, Giorgia Lupino, Stefania Nicolosi, Paola Porcari, Michela Flumero.

Ringrazio i miei genitori Vito e Cecilia, per avermi donato questo miracolo che è la vita e per le infinite volte che mi avete sostenuto e incoraggiato a non mollare mai. Ringrazio le mie sorelle Annalisa e Daniela, siete stupende e rappresentate un faro d'amore nella mia vita. Ringrazio mia figlia Giada, sei una ragazza piena di enormi doti e sono certo che porterai grande valore nel mondo.

Ringrazio il grande socio Emanuele Botta e tutti i collaboratori: Nicole Fiorini, Giorgia Lupino, Mattia Sestieri, Andrea Pasquariello, Elisa Ravera, Elisa Paluan, Lorenzo Comendulli, Catia Rosati, Sabrina Guerra, perché senza di voi nulla avrebbe senso e sarebbe possibile. La vostra gioia, entusiasmo e passione per la psicologia e per la nostra missione Psylife è contagiosa e sono onorato di lavorare con voi, persone da cui ho moltissimo da imparare.

Ringrazio tutti i pazienti e clienti che finora si sono affidati e si affidano oggi a me e ai miei collaboratori, grazie perché ogni volta è un onore grandissimo ricevere la vostra fiducia su argomenti e questioni così delicate e personali.

È un dono stupendo per me potervi aiutare. Vedere tornare il sorriso sui vostri volti è una ricchezza per il mio cuore molto più grande di qualsiasi bene materiale.

Grazie ai professionisti, gli imprenditori e le aziende che chiedono il nostro supporto per i percorsi di coaching e formazione, per creare team più performanti e affiatati e aiutare le persone a realizzarsi attraverso il lavoro.

Grazie anche a tutti gli amici vicini e lontani geograficamente che mi sostengono con calore nella vita di tutti i giorni, Antonio, Vincenzo, Emanuele, Tiziano.

Ringrazio i colleghi con cui c'è sempre uno scambio proficuo e interessante. Sono onorato di conoscervi e collaborare con voi: Simona Rattà, Gerry Grassi, Massimo Giusti, Romeo Lippi, Marzia Benvenuti, Alessandro Crescenzio, Francesca Scaglione, Mary Manarin, Maura Putzu, Anna Lucia De Giorgi e tantissimi altri (non prendetevela se non vi nomino tutti ma siete tutti nel mio cuore).

Grazie a tutti gli amici di Psylife che mi seguono sui social, il calore che mi fate sentire è immenso quando commentate un video, fate una domanda, mi suggerite un argomento e rispondete ai miei stimoli. È stupendo crescere insieme ed è bello avere una grande famiglia di persone in gamba per sostenerci reciprocamente nel cammino del benessere.

Ti chiedo un piccolo favore, per me molto importante.

Se questo libro ti è piaciuto scrivi la tua recensione positiva in Amazon: cerca Autostima Roberto Ausilio oppure

CLICCA QUI
https://amzn.to/4awXgRU

Per te è solo un minuto del tuo tempo, ma per molte persone può essere un incentivo a guardarsi dentro e iniziare a vivere una vita migliore. Un piccolo gesto di generosità e amore come questo, ti tornerà indietro moltiplicato in termini di benessere e gioia.

Quando hai scritto la tua recensione con foto o video, scarica i CONTENUTI EXTRA e continua la tua Crescita Personale con Psylife.

Un abbraccio e grazie!

NOTE SULL'AUTORE

Il dr. Roberto Ausilio è Psicologo della Salute, Psicoterapeuta EMDR, formatore e imprenditore.

Da più di 20 anni aiuta le persone a liberarsi dai condizionamenti e vivere pienamente la propria Vita.

Da sempre interessato all'integrazione mente-corpo, alla crescita personale e al digitale, ha ideato e utilizza con metodi proprietari, come il Metodo CASA per la gestione dell'ansia e del panico e il Metodo GREENSTRESS per il superamento e la trasformazione dello stress professionale in motivazione creativa.

Ha fondato e dirige PSYLIFE s.r.l. azienda di formazione nel settore crescita personale, e utilizza il digital, i social e i nuovi media per promuovere salute e consapevolezza attraverso i corsi dal vivo e online.

È autore del Canale YouTube "Psicologia e Vita" che ad oggi conta più di 1000 video e oltre 3 milioni di visualizzazioni.

È autore di numerose pubblicazioni, tra cui 13 libri e numerosi articoli su riviste e testate online. Autore di

videocorsi, come "Narcisismo liberi per sempre" "Ansia da prestazione" "Successo Semplice", "Relax Lab", "Ansia No Problem", "Genitori Competenti", ecc.
Formatore presso Istituti e Istituzioni, Forze dell'Ordine, Scuole di Specializzazione in Psicoterapia e aziende, su tematiche relative al miglioramento delle relazioni, delle emozioni e della comunicazione.
Vive ad Orvieto, in Umbria e ama la natura, la montagna, i gatti e suona la chitarra.

Siti internet:
www.robertoausilio.it - www.psylife.it

SE HAI BISOGNO DI SOSTEGNO PSICOLOGICO BREVE, MODERNO E RISOLUTIVO CONTATTACI
www.psylife.it/psyonline

SEGUI IL DR. ROBERTO AUSILIO SUI SOCIAL
Facebook - Linkedin - Instagram - YouTube

BIBLIOGRAFIA

Ausilio R., 2020, *Ruminazione Mentale. 10 Strategie per smettere di pensare troppo e superare ansia e pensiero ossessivo.* Amazon Self Publishing

Ausilio R., 2023, Narcisismo Liberi per Sempre, Amazon Self Publishing

Ausilio R., 2021, *Ansia da Prestazione.* Amazon Self Publishing

Ausilio R., 2013, *La Metafora terapeutica,* Youcanprint Ed.

Ausilio R., 2015, *Psicoterapia Amica,* Youcanprint Ed.

Ausilio R., 2010, *Fascino che vai per la Via,* Youcanprint ed.

Ausilio R., 2017, *Genitori Competenti, crescere figli sani e sereni.* Amazon Self Publishing

Ausilio R., 2021, *Rilassamento e Meditazione per superare ansia e stress.* EPC editore

Baumann Z., 2011, *Modernità Liquida,* Ed. Laterza

Branden N., 1994, The Six Pillars of Self-Esteem. Bantam

Brown B., 2010, The Gifts of Imperfection: Let Go of Who You Think You're Supposed to Be and Embrace Who You Are. Hazelden Publishing.

Cain S., 2012, Quiet: The Power of Introverts in a World That Can't Stop Talking. Crown Publishing Group.

Crepet P., 2013, Impara a essere felice. Einaudi.

Dweck C.S., 2006, Mindset: The New Psychology of Success. Random House.

Ellis A., 2005, The Myth of Self-Esteem: How Rational Emotive Behavior Therapy Can Change Your Life Forever. Prometheus Books.

Galimberti U., *Il corpo*, Feltrinelli, Milano, 1983

Giacobbe G.C., 2007, Alla ricerca delle coccole perdute. Una psicologia rivoluzionaria per il single e la coppia. Ponte alle Grazie.

Goleman D., 2011, *Intelligenza emotiva*. BUR

Grassi G., 2019, *Autostima fai da te*. Rizzoli Ed.

Hay L., 1984, You Can Heal Your Life. Hay House.

Lo Presti D., 2018, *La profezia che si autorealizza*. Flaccovio Ed.

Lowen A., 1983-2004, *Bioenergetica*, Feltrinelli

Lowen A., 2009, *La voce del corpo. Il ruolo del corpo in psicoterapia*. Astrolabio-Ubaldini ed.

Lowen A., 1980, *La depressione e il corpo*. Astrolabio-Ubaldini ed.

Morelli R., 2011, *Pensa magro. La dieta psicosomatica*. Mondadori.

Kahneman D., 2020, *Pensieri lenti e veloci*. Mondadori

Nardone, G., 2017, *Solcare il mare all'insaputa del cielo*, Tea Ed.

Nardone, G., 2018, *Psicotrappole*, Ponte Alle Grazie

Ricci Bitti, P. E., *Regolazione delle emozioni e arti-terapie*, Carocci, Roma, 2002

Robbins, A. 2017, *Come migliorare il proprio stato mentale, fisico e finanziario*. Bompiani Ed.

Seligman M., 2015, *Imparare l'ottimismo. Come cambiare la vita cambiando il pensiero*, Giunti Ed.

Seligman M., 2002, Authentic Happiness: Using the New Positive Psychology to Realize Your Potential for Lasting Fulfillment. Free Press.

Shapiro F., 2015 *EMDR, principi fondamentali, protocolli e procedure*. Raffaello Cortina Ed.

Shapiro F., 2013 *Lasciare il passato nel passato*. Astrolabio Ed.

Tracy B., *Ingoia il rospo. L'arte di liberare il tempo e vivere liberi*. Sangiovannis, 2020

Tracy B., *Il segreto è credere in se stessi*, TEA 2021